Gisèl[...]

Avocate irrespectueuse

L'ABEILLE

PLON

92, avenue de France
75013 Paris
Tél. : 01 44 16 09 00
Fax : 01 44 16 09 01
www.plon.fr
www.lisez.com

Dépôt légal : septembre 2020
ISBN : 978-2-259-30539-6
ISBN : 2727-8360
Mise en pages : Graphic Hainaut

Pour Claude qui m'a toujours accompagnée,
qui m'accompagne…

« Les barbares sont soumis à des hommes.
Les peuples civilisés obéissent à des lois. »

THUCYDIDE.

« Entre le fort et le faible, c'est la liberté qui opprime
et la loi qui affranchit. »

R.P. LACORDAIRE.

I

L'irrespectueuse apprentie

De Tataouine à Bobigny

Plus d'un demi-siècle depuis que j'ai prêté serment. Plus d'un demi-siècle qu'avocate — c'est-à-dire femme *et* avocat — je chemine dans mes questions, me cogne à mes principes, révise mes choix.

La justice. Ou plutôt *ma* justice. Comprenez, par ce possessif, la quasi-fusion avec un monde dans lequel j'avais décidé de vivre. *Ma* justice, donc, avait-elle été à la hauteur des grands discours pédagogiques de nos aînés, ingurgités lors des études et des stages ?

Et cette pédagogie justement…

Les réponses, je les ai cherchées dans les espoirs et les désespoirs de mes premières plaidoiries, dans le choc des procès contre la torture. Mais aussi dans ces défenses qui entendaient mettre en question une société dans ses clivages, racisme ou sexisme.

Pour apprendre, j'en vins à me colleter avec une réalité occultée par mes maîtres. Que m'avaient-ils enseigné ? La loi ? Égale pour tous, qu'elle réprime ou qu'elle protège. Les juges ? Impartiaux, inaccessibles, au-dessus de tout soupçon. À respecter, toute réflexion cessante. L'accusé ? À tenir à distance. La cause ? Il n'y en a pas pour l'avocat. Ou alors, s'en dissocier d'urgence et explicitement. Ainsi le veut l'Ordre (des avocats).

Au fur et à mesure que je plaidais — procès de droit commun, de société ou politiques —, je demandais des comptes à la justice. Et pour ce que je vivrais à l'avenir comme un tête-à-tête singulier, j'échafaudais un plan à double niveau : déconstruire la théorie pour mieux construire le réel.

La justice et moi. Une intimité, en soi, étrange. J'interrogeais la justice, seule à seule. Elle me répondait. J'interrogeais de nouveau. Je m'interrogeais de nouveau. Explications d'un vieux couple, où se revit le pire comme le meilleur. Pour ce face-à-face, il me fallait être indemne de tout *a priori*. On le sait, la terre n'est pas bleue comme une orange mais meurtrie, sanglante, asphyxiée. Alors autant repartir de zéro. L'irrespect comme instrument, l'entêtement comme travers.

Une exigence constante : droits de l'homme mais aussi droits des femmes. Fragilité à consolider. Des droits à peine acquis, à peine à faire peine.

*

Sur cette recherche de fond s'est greffé le poids de ma vie.

Ma vie de femme faisait partie de chacun des actes importants de mon métier. Lorsque j'écrivais machinalement « Gisèle Halimi avocate », je chargeais le mot *avocate* du mélange inextricable de mes deux parcours. Mélange à la fois adoucissant (les chocs d'une justice oublieuse, sans principes) et aggravant (le sentiment d'un manque, d'une absence, voire d'une désertion d'une partie de moi-même). Participer au pont aérien que les avocats parisiens avaient installé pour défendre les nationalistes algériens, n'était-ce pas décider que ma vie de femme, de mère de deux jeunes enfants n'était plus prioritaire ? D'autres que moi pouvaient suffire à la défense. Durant près de huit ans, pour cette période, puis pendant les années qui suivirent, je n'ai pas répondu à la question, je l'ai esquivée.

J'ai accompli des prouesses insensées pour retrouver, dans la journée même, l'un de mes fils mal en point en maison d'enfants ou l'autre dans un hôpital parisien pour une appendicite aiguë, alors que je me trouvais à la barre des tribunaux militaires, en Algérie.

Je n'étais pas alors un avocat en mission mais une avocate déchirée entre les urgences de sa profession et celles de son affectivité de femme, de mère. Entre deux exigences qui m'habitaient tout entière et dont aucune des deux ne prenait franchement le pas sur l'autre.

Arrêtée par les paras français lors du coup de force du 13 mai 1958 à Alger et menacée d'être fusillée par des putschistes en délire, j'avais passé cette nuit, que je croyais être la dernière, en cruels reproches contre moi-même. J'avais été double, hybride, je n'avais pas vraiment choisi. Je pensais intensément, mais les yeux secs — cette sécheresse forte de la faute reconnue —, à mes deux fils, six et trois ans, laissés là-bas, si loin, en des mains « mercenaires », comme disait Fritna, ma mère, pour qualifier les étudiantes au pair ou les employées de maison qui les gardaient. Et pour me déchirer davantage.

Avec moi, avait été arrêté mon ami Pierre Braun, confrère de talent et militant communiste. Je ne savais pas de quelles pensées il meublait son attente, dans sa cellule voisine de la mienne au Casino de la Corniche, reconverti en centre de tortures. Mais j'avais la certitude qu'il ne se posait aucune question sur son engagement. Plaider en Algérie avait été un choix sans débat, je suppose. Il ne devait guère vivre la même « dernière » nuit que moi.

Car même en dehors de ces paroxysmes de l'Histoire, même dans une justice routinière, l'avocat n'est qu'*avocat*.

L'*avocate* que j'étais entraînait avec elle, pour plaider, sa vie, son compagnon, ses enfants. Même s'ils étaient, à la barre, invisibles.

*

Je n'ai parlé de mes défenses que d'une manière fragmentaire. Je n'ai fait qu'évoquer, jusqu'alors, mon parcours d'avocate.

Avocate (au nom de la loi, du règlement) et avocate (empêtrée dans sa vie de femme).

Je n'ai pas dit l'émoi des premières plaidoiries et le sentiment d'échec qui coupe l'espérance comme une lame, après la condamnation.

Ni le choc des justices d'exception, des exécutions. Je n'ai pas, davantage, dénoué l'écheveau de mes incertitudes. Raconté la révolte, l'apprentissage. Détaillé les ingrédients particuliers qui ont mis en question un engagement quasi mystique et l'ont, en même temps, enraciné à jamais en moi.

À quoi sert un avocat ? Mieux ou pire, une avocate ? Et une avocate irrespectueuse ?

*

Dans ces pages, ne chercher ni la chronologie ni l'importance objective des faits. Choix avoué, assumé de la subjectivité. Ce qui a fait de l'apprentie prosélyte que j'étais l'avocate que je suis... Expérience, maturité, prise de conscience de la complexité (de la justice, de la politique, des hommes et des femmes...).

L'avocate irrespectueuse des institutions serait-elle quelquefois respectée par une justice d'exception ? Le procès au Congo, qu'on lira plus loin, pose dans sa singularité la question. Et y répond, à sa façon.

Et puis sortie du néant de la mémoire, l'oubli volontaire, bétonné — peut-on se protéger autrement ? —, l'histoire de Maria. Ou comment une assurance fraîchement acquise, ignorante des contradictions, de la dialectique, de la force des passions, aussi, peut programmer une tragédie.

Et comment continuer...

1
Un verdict au kilo

Le président esquisse un demi-sourire dans ma direction : « L'audience est suspendue. Le Tribunal se retire pour délibérer. »

J'ai vingt-deux ans.

Mon premier procès, ma première plaidoirie devant le Tribunal permanent des forces armées, appelé communément Tribunal militaire. Droite dans l'ample robe noire, l'épitoge bordée de lapin rejetée par-dessus l'épaule, je m'étais présentée au président avant l'audience. « Avocate stagiaire, désignée d'office pour la défense de Jean L. » Un colonel souriant, tout galonné : « Avocate ? On dit avocate ? » Le vocabulaire routinier se grippait à ce mot. « Maître Louise H., elle, dit "avocat". » Et sans attendre ma profession de foi (à quoi bon retarder le moment où il retrouverait la terrasse ensoleillée de sa villa, sa femme, le vin rosé de Carthage ?), il jeta un coup d'œil rapide sur le dossier numéro 5.

« Ah oui, c'est un "joyeux". » Traduisez : un bat'd'Af (bataillon d'Afrique). Un légionnaire envoyé au bataillon disciplinaire de la Légion étrangère. Bataillon stationné à Foum Tataouine, à l'extrême sud tunisien, à la limite du désert. Là où les températures oscillent entre cinquante degrés dans la journée et zéro la nuit. Là où les hommes, anciens condamnés récidivistes, à la ville comme dans l'armée, sont dressés, redressés, déconstruits, et, croit-on, reconstruits. Le bataillon disciplinaire, c'était du Oliver Stone, la guerre du Vietnam en moins et le désert suffocant/glacé, en plus. Pourquoi appelait-on ces malheureux pénitents des « joyeux » ? Je ne l'ai jamais su. Optimiste, j'avais décidé que c'était un hommage à leur résistance de fer. À une forme de stoïcisme primaire.

L'attente du délibéré, dix minutes, une éternité, me fait étrenner un tic dont je serai affligée durant toute ma vie d'avocate. D'un geste fébrile, rapide, je déboutonne et reboutonne les petits boutons noirs de ma longue robe. Je les compte, recompte, oui onze, c'est bien ça, je n'en ai oublié aucun. Aller-retour, boutonner, déboutonner. Sans pouvoir m'arrêter. J'ai été trop longue dans ma plaidoirie. Le bâtonnier qui m'avait commise d'office m'avait prévenue. « Attention, devant les militaires, cinq à dix minutes… pas plus, autrement ils sont furieux… ils ont horreur de l'éloquence… » D'autant que Jean L. — « tiens, nous avons le même âge ! » lui ai-je dit dans le parloir de la prison militaire — n'avait fait que dérober un sac de trois kilos de pommes de terre pour le donner à une famille tunisienne qui lui avait fait un couscous, lors d'une brève permission en ville. Oui, mais un « joyeux » est avant tout un récidiviste, la forte tête, noté comme mauvais sujet, l'aventurier du pauvre en somme. L'importance du délit ? Secondaire. L'échec au redressement entrepris par les officiers disciplinaires, voilà le crime.

Édouard, mon père, assis dans le public (rare), s'agite. Il se lève, serre des mains d'avocats, d'experts. Fait la roue. Rose de fierté, il acquiesce. « Ta fille a merveilleusement plaidé », l'assure un confrère, habitué des enceintes militaires et toujours entre deux vins. Il était connu pour déclencher les sourires entendus des juges dès les premiers mots — toujours les mêmes — de ses plaidoiries. « Monsieur le président, messieurs les juges, je connais bien X » (son client du moment). « Je l'ai eu comme ordonnance quand j'étais officier à… » Ancien militaire reconverti au barreau, maître F. faisait flèche de toutes les complicités possibles avec ses « frères d'armes ». Quelquefois, goguenard, le président l'interrompait : « Maître, ça fait le quatrième aujourd'hui… et je ne parle pas d'hier… Combien avez-vous eu d'ordonnances au total ? » Maître F. protestait, affirmait, jurait même sur l'honneur.

« Ta fille a été très bien. Mais moi, tu sais, je ne dépasse pas les cinq, six minutes. » Je déboutonne et reboutonne. Trop longue — une demi-heure —, trop littéraire, ma plaidoirie. J'ai cité Saint-Exupéry… Le Tribunal avait écouté, était attentif, affirme Édouard. Oui mais parce que je l'ai surpris, peut-être amusé… Or je devais le convaincre.

« T'en fais pas. Tu as été une *haouta* » (un poisson, ce qui signifie, dans la hiérarchie des gris-gris porte-bonheur, objets magiques de toutes sortes contre le mauvais œil, une championne insubmersible…). « Acquitté, *ya benti* [ma fille], il sera acquitté, je te dis ! » Et de me donner le verdict comme certain.

« C'est l'avis de maître X..., et de l'employé du greffe. Ils t'ont entendue. Tu n'as pas vu le sourire du président quand ils sont entrés en délibéré ? » Édouard regagne son banc.

« Le Tribunal », annonce l'huissier d'une voix qu'il veut solennelle. Chaque juge reprend au garde-à-vous sa place autour du président. Un bref regard dans la salle, elle aussi au garde-à-vous. « Au nom du peuple français. » Le président pose son képi, les juges saluent. « Condamne le soldat Jean L... » Il me jette un bref regard par-dessus ses lunettes. Je retiens mon souffle. « ... À la peine de six mois d'emprisonnement... » Dans une sorte de brume, je distingue le plus jeune juge, le moins gradé, à l'extrémité gauche. Il me fait un petit signe de la main. Comme pour évoquer la fatalité, c'est ainsi en somme. « L'audience est levée. » Dans l'ordre hiérarchique, le Tribunal disparaît par la porte du fond. Clouée sur place. Raidie pour ne pas tomber dans le gouffre des six mois qui vient de s'ouvrir devant moi. La gorge sèche, la salive impuissante, les bras ballants le long du corps, je ne touche plus à un seul bouton. Ainsi, mes arguments, ma voix, ma présence, ma volonté de persuader les juges de « l'humanité » de l'accusé... oui je crois même que j'avais employé le mot « humanité », tout ça s'est révélé nul et de nul effet. J'entends un jeune confrère : « C'est le tarif, ici »... Donc, je ne sers à rien. Défense inutile. Qui sait, sans moi, la peine eût peut-être été plus légère... Trois kilos de pommes de terre soustraits à la corvée, trois kilos de patates pour faire une gentillesse à ceux qui avaient montré un visage accueillant à un homme déraciné. Deux mois d'emprisonnement par kilo. Le tarif ? À quoi donc servent les avocats ? Édouard s'est précipité dès la sortie des juges. « Tu es toute blanche, assieds-toi. » Il me pousse derrière le pupitre où s'étale la feuille en haut de laquelle j'avais écrit : « Jugement : » Les deux points devaient être suivis du verdict. Je m'assois, m'écroule plutôt, lourdement. Je n'écris rien sur la feuille, la froisse et l'envoie vers la fenêtre. Je ne réalise pas encore. J'imagine soudain les tonnes de pommes de terre dans les cuisines militaires. Ces juges, des monstres...

Je reviens à moi. À lui, à Jean L., mon premier client. Hébétude d'une ou deux minutes.

Je ramasse mes affaires et les fourre dans ma serviette. Je me précipite dans la petite salle attenante au box. Il me faut être à ses côtés pour l'épreuve, pour le soutenir... Jean L. est debout. Il a fini d'écouter le greffier qui lui notifie quelques formalités. « Je suis désolée, tellement... » Je me tais. Je viens de m'entendre dire, désolée, désolée, comme si nous étions dans un salon... Pourquoi ai-je choisi ce mot stupide, déplacé, glacé, sans le moindre sens ? Je baisse la tête. Mon regard tombe sur ses godillots : « Votre chaussure... votre chaussure est délacée. » C'est tout ce que je trouve à lui dire. Je fais un signe de la tête. Où sont les mots, ceux qui m'inondent, me ravissent, me remplissent la tête et l'intelligence, ceux de mes mémoires de philo, ceux dits pour expliquer, séduire, gagner ? Où sont ces phrases magiques, musique et sens à la fois que j'ai apprises par cœur, rejetées, reprises, pour ma première plaidoirie ? Rien. Le trou. Le vide. Le néant. « Oh oui, ils ont frappé fort, c'est vrai. » C'est Jean L. qui parle, qui vient à mon secours. Et il parle bien, lui. « Vous avez été épatante, vraiment... J'ai beaucoup aimé vous entendre parler de moi, comme ça, comme un type pas mal... » Heureux de s'être découvert dans le portrait que j'avais tracé de lui. Sans doute un discours inhabituel à son propos. Vous pensez... Être celui qu'on explique, qu'on dépeint, dont on analyse les gestes et leur motivation. « On aurait dit que vous me connaissiez bien. » Je l'avais vu dans sa prison quelques jours auparavant, pour la première fois. Ça ne fait rien... Il est agréablement surpris de ce reflet. Reflet — il semble vouloir y croire — de sa vraie personnalité. En tout cas, personne ne s'était jusque-là occupé de ses sentiments, de ses mécanismes intérieurs, de son comportement. Et tout ça, pour trois kilos de pommes de terre, ce que je peux bien présenter les choses quand même ! « Maître, c'est pas de votre faute, le jugement... Ils sont comme ça dans l'armée. Je les connais, vous savez... » Il insiste avec sollicitude. « Faut pas vous en faire, je vous dis, maître. » Faut pas m'en faire. Situation ubuesque, c'est le condamné (intact) qui réconforte, console son avocate (effondrée). Humiliée, je me sens humiliée. Comme mes yeux se brouillent, je tends la main à Jean L. « Au revoir, maître, et merci. Je vous écrirai. » Même ce « je vous écrirai », il l'a dit à ma place. Avec naturel, presque avec optimisme. Je serre de nouveau la main de « mon » condamné. Je bafouille « au revoir... ». Oubliant que c'est la seconde fois en une minute que je prends congé de lui, je lui resserre la main.

« Tu ne vas pas pleurer, pour la première fois que tu plaides ! » Édouard est là, il m'a attendue, un peu inquiet, devant les lourdes portes centenaires de la

Casbah. Je l'embrasse pour lui signifier son congé. J'ai besoin d'être seule.

Je m'engage dans les souks qui coupent littéralement — de la porte de la Casbah à la porte de France — Tunis en deux. Je me laisse ballotter dans les petites ruelles par le flot montant et descendant des passants… Au passage, le parfum des épices débordant de gros sacs de jute, le bruit régulier des marteaux ciselant les plateaux d'argent, la noria des soies aux couleurs éclatantes et des mousselines à paillettes me montrent le chemin. Chaque souk a sa spécialité et son itinéraire.

Zut ! À mon arrivée sur la place de France, où commence la ville européenne, je tombe sur le confrère présent à l'audience, maître F., l'ancien officier aux mille ordonnances, le teint un peu violacé. Il aura fait un nouvel arrêt dans un bistro. « Ce sont des brutes, ces militaires, je sais, j'en ai longtemps été. » J'interromps. Je me reproche d'avoir trop fait dans l'éloquence érudite. « Vous avez mis une perle devant des cochons ! » Je l'écoute à peine. Il chemine quand même à mes côtés : « Vous verrez, Gisèle, vous allez récolter de grands succès plus tard. Vous savez parler et votre voix… votre voix… » Je lui fais signe que je bifurque vers ma voiture. Une 4CV d'occasion, achetée à crédit dès mon admission au barreau. Première infraction à la déontologie : j'ai signé des traites — interdit à l'époque à tout avocat — et obtenu d'Édouard qu'il les avalise, la banque ne voyant pas dans une jeune avocate débutante la promesse de revenus réguliers et rapides. À juste titre.

Le dithyrambe du confrère m'avait laissée de marbre. Je le savais vaguement amoureux de moi.

J'appuie sur l'accélérateur pour sortir de l'avenue Jules-Ferry et prendre la route des plages. Destination Sidi-Bou-Saïd. Au bout de « mon » promontoire de terre rouge, entre les palmiers et l'odeur des jasmins de cet automne chaud, je surplombe la mer d'un bleu dur et je me régénère. La panique, l'angoisse, la culpabilité s'estompent. La réflexion sérieuse reprend ses droits. Après une pause cependant, tant la beauté du lieu submerge. Un monde aussi magique ne peut être totalement mauvais. Malgré les tribunaux militaires et ses juges béotiens.

Me voilà revenue à mon dilemme, à la question préalable, en somme. Une avocate, pour quoi faire ? La défense impuissante, incompétente, ne sert-elle pas objectivement la répression ? J'ai agacé mes juges au lieu de les rallier. Peut-être même se sont-ils sentis infériorisés par la pédanterie de ma plaidoirie…

D'ailleurs pour trois kilos de pommes de terre volées, fallait-il appeler à la rescousse Saint-Exupéry ? Ridicule. Impardonnable. C'est moi qui méritais la prison, pas le « joyeux ». J'avais aggravé son cas au lieu de l'aider, de le faire libérer, comme je l'avais rêvé.

Au fil de cette amère méditation, je passe du particulier — un procès perdu — au général — la justice et les avocats. La mer bruit au pied de la colline. Pourquoi ai-je voulu de toutes mes forces expliquer que même dans le pire criminel, dans la nuit où il se débat, brille une lumière ? Une parcelle d'humanité. Ce qui le rattache à nous, au monde. Tout ce fatras pour trois kilos de patates... Sinon objectivement contre-productif, inutile à tout le moins. Grandiloquent. Déplacé.

Je voulais m'attaquer à la justice et à ses principes pour mieux la façonner. Sans perdre de temps. Rien que cela. Du pied, je heurte une pierre qui dévale la pente rouge et va s'écraser, tout en bas, au bord d'une vague.

Changer le monde en plaidant, quel étrange projet ! Surtout — leitmotiv — à propos de patates volées... Tout ça me semble dément, comme le monde, tordu, un monde que je n'aime plus en ce jour de défaite.

L'heure passe, les couleurs changent, le ciel s'effiloche sur la mer, à l'horizon. Les maisons blanches au loin avec leurs volets bleus prennent d'autres volumes. Le soleil les avait aplaties, la lumière du soir leur rend netteté et éclat.

Il faut rentrer.

Ma décision est prise. Je ne plaiderai plus.

2
« Monsieur, je veux quitter le barreau... »

Le lendemain, au cabinet où j'accomplis mon stage, une nouvelle Commission d'office pour le Tribunal militaire. Et quoi encore ? Amère, j'ironise. Pour envoyer le « joyeux » — c'en était encore un — aux galères cette fois ? Papier officiel en main, je demande à voir le patron. Mon patron, ce n'est pas n'importe qui. Le président des avocats défenseurs, une catégorie d'avocats ayant le monopole (appréciable) des ventes immobilières et de certaines procédures. Maître Paul G., juif, ancien résistant, jouit d'une grande notoriété. Caractère rébarbatif, introverti, frayant peu avec ses confrères qui le jalousent. Compétence, talent, intégrité (ce qui était rare dans la Tunisie des bakchichs, et en l'absence de toute véritable déontologie) unanimement reconnus. Bref, un grand maître au-dessus de tout soupçon.

Assis derrière son bureau, son grand corps déplié comme il peut, il me toise derrière ses lunettes d'épouvante (des verres très épais). Je n'ai jamais vraiment vu ses yeux et, en cet instant précis, j'ai besoin de croiser son regard. Selon la tradition, du moins la sienne avec ses stagiaires, il me laisse debout. Tradition aussi : aller au but, pas de discours préliminaire. Le temps de l'entretien avec le maître est toujours rare. « Monsieur, je veux quitter le barreau… »

Miracle. Spectacle unique qu'à ce jour personne, disait-on, ne pouvait se vanter d'avoir vu. Maître Paul G. rit, il est en train de rire. Un éclat de rire énorme, homérique. Les feuillets dactylographiés qui parsèment sa table ont frémi sous le souffle.

Le patron me paraît morphologiquement différent. On ne connaissait de lui qu'un visage sombre, un regard (pour autant qu'on pouvait l'apercevoir) sévère, des lèvres tombantes, comme en une lippe dédaigneuse. Rire, humour ou même sourire n'ont guère affecté ce grand avocat qui tenait magistrats et confrères en respect. Et voilà qu'il rit, qu'il rit, la bouche ouverte, la tête renversée, les yeux plissés… Rire iconoclaste, dans ce temple des discussions de droit, de l'évaluation de la jurisprudence, de l'écoute des clients et des conseils, toujours donnés d'une voix feutrée. Qu'est-ce qui lui prend de m'accueillir ainsi ? Quelle mouche l'a donc piqué aujourd'hui ? « Monsieur, j'ai compris que l'avocat est inutile. » Je hausse un peu la voix. « Et même malfaisant. » Mal à l'aise dans cette hilarité-tremblement de terre, je m'essaie à la fermeté. « Alors, je m'en vais. » Je me suis redressée, question de maintien, et même d'honneur… Il sort son mouchoir pour essuyer ses lunettes embuées. « Racontez-moi ça. » Il a réussi à parler, il a fini (à peine) de rire, il se veut attentif, je le trouve ironique… Je résume les-deux-mois-d'emprisonnement-par-kilo-de-pommes-de-terre-volées. « Je n'ai pas compris le sens de la défense, mes mots étaient hors sujet… ces militaires… »

« Vous savez ce que Clemenceau lui-même disait de la justice militaire ? » Il continue d'essuyer ses verres, j'aperçois ses yeux. « Elle est à la justice ce que la musique militaire est à la musique. Alors, vous qui aimez la musique, vous avez joué ce jour-là devant un orchestre de régiment. » Ça ne me console guère, sa comparaison. Et puis ça ne me disculpe pas. Je n'avais qu'à jouer *leur* musique puisqu'ils avaient le pouvoir de juger et qu'il m'appartenait de convaincre. Pour cela, emprunter leur langage. Au lieu de cela, les cimes littéraires...

« Vous vous êtes crue au Tournoi d'éloquence, n'est-ce pas ? » Piquée au vif, je lui rappelle que c'est parce que je l'avais emporté, ce Tournoi, qu'il m'avait choisie comme stagiaire. Combien de jeunes avocats ayant prêté serment se sont-ils pressés en vain, avant moi, aux portes de ce cabinet exemplaire ? « Vous savez, les jeux de l'éloquence sont quelquefois ennemis d'une bonne défense. » Il abandonne tout persiflage, il tient à être précis, didactique.

*

Ce que le patron appelait « jeux de l'éloquence », je les avais vécus quelques mois auparavant comme la victoire par excellence.

Je débarquai de Paris et rentrai au pays couverte de lauriers. Droit et philo. La faculté du Panthéon et la Sorbonne. Après ma prestation du serment d'avocat, j'eus vent d'un concours d'éloquence ouvert aux jeunes stagiaires. Thème : « le droit de supprimer la vie ». S'inscrire pour ou contre. Chaque candidat disposait d'une demi-heure pour défendre son point de vue. Au lauréat, le succès n'apportait pas seulement le trophée traditionnel et une première notation enviable dans le cursus d'un avocat (et un petit chèque), mais en faisait surtout le stagiaire numéro un, celui que les grands cabinets embauchaient sur l'heure. Quand on connaît, encore de nos jours, la longue quête des jeunes diplômés pour trouver un patron de stage et une adresse professionnelle, on comprend l'importance de ce privilège…

« Je me présente au Tournoi d'éloquence ! » Cette déclaration en forme de défi ravit Édouard. « Tu vas voir, c'est extraordinaire ! Tu vas parler devant le représentant de Son Altesse le Bey, le Résident général, les présidents des tribunaux et cours d'appel… » Je ne l'écoutais plus, dans son énumération des personnalités et des titres, qui lui semblait l'essentiel. À Fritna, ma mère, qui se demandait si les parents des candidats étaient admis dans le public, j'annonçai que je serais la seule femme aux côtés de mes cinq confrères. La seule femme et la première femme qui osait concourir.

Le jour du Tournoi — un jour de lumière dont seule la Tunisie a le secret —, je me rends à pied au Palais de Justice. Dans sa plus vaste salle, qui accueille les grands procès criminels, les débats, les réceptions, des grands fauteuils en velours rouge avaient été placés devant le banc des avocats. Aux deuxième et troisième rangs, des fauteuils de taille plus modeste. Au public étaient dévolus les bancs ordinaires. La salle est presque pleine, quand l'envoyé du bâtonnier m'entraîne vers la porte des délibérés : « Vous devez tous vous retrouver dans cette salle pour être présentés au jury. » Cinq jurés. Tous professionnels. Des bâtonniers et membres du Conseil de l'Ordre. Dès qu'ils sont installés à la place des juges, un huissier appelle les candidats. Je remarque combien mon absence de Tunisie — cinq ans — avait fait de moi une inconnue. On me regarde avec curiosité, on murmure « Qui est-ce ? » et on se rend à l'évidence, je suis bien la seule femme candidate et on ne sait pas très bien d'où je viens.

Tirage au sort. Ni la première ni la dernière. La troisième, en sandwich. Je regagne la salle arrière en attendant mon tour. Je relis mon texte. Plus court que prévu. Assez curieusement, je suis calme. Il me semble que je vais m'adresser de très loin à de très lointains personnages.

Et leur parler d'un sujet encore plus lointain… « Le droit de supprimer la vie. »

Vient mon tour. Je prends la place du procureur. Je n'aperçois qu'Édouard, dans les premiers rangs du public. Et Fritna ? Elle aura eu un empêchement, elle n'est pas à ses côtés.

Pour Édouard, l'honneur est déjà là. Avant que j'aie ouvert la bouche. Dès que mon nom a été dit, et que je me suis trouvée, raide dans ma toge, offerte aux regards des personnages les plus importants du pays et de sa justice. « Vous avez la parole », dit le bâtonnier. Je croise le regard d'Édouard et je sens son émotion.

Le droit de supprimer la vie, donc. Oui à l'euthanasie. Oui au droit au suicide. Les stoïciens déjà considéraient comme une prérogative de leur personnalité de sortir à leur gré d'une vie dans laquelle ils n'avaient pas demandé à entrer. Non à la peine de mort. Camus et Victor Hugo. Plus imprégnée de mes lectures philosophiques que de mes Codes de justice, je dissertais en lisant à peine mon texte... L'étonnement d'abord, quel accent « français », pas du pays, en tout cas. Où avais-je pris cette façon de scander les phrases, cette diction peu commune en Tunisie, des leçons à Paris peut-être ? Qui est cette jeune avocate étrangère au barreau, demande un magistrat, vient-elle d'arriver de France ? L'écoute attentive ensuite, les applaudissements enfin.

Pendant toute ma jeunesse, le processus, quand je me présentais à la barre, aura été le même. Étonnement devant mon apparence — peu de jeunes femmes se risquaient alors devant les cours d'assises et les tribunaux militaires qui condamnaient à mort —, écoute teintée d'incrédulité, puis écoute rigoureuse. Troisième temps. Enfin verdict où j'avais quelquefois sauvé la vie de ceux que je défendais. Je disais « pour mes plaidoiries, il y a toujours un temps perdu, au début ». Ce qui contrastait avec celles de notables masculins, bâtonniers ou ténors du barreau : les juges étaient suspendus à leurs lèvres avant même qu'elles ne s'ouvrent !

Je descends m'asseoir dans la salle où un siège m'est réservé pour entendre les autres concurrents. On chuchote autour de moi. C'est fini. Le dernier a parlé et le jury se retire pour délibérer. L'assistance en profite pour se lever, saluer, papoter. Édouard se précipite vers moi : « Magnifique, *ya benti*, ma fille, magnifique, tout le monde disait : elle parle comme à la Comédie-Française... » Un officiel vient se présenter. Il salue en se cassant en deux. « Je voterais pour vous, mademoiselle, si j'étais juré. Vous nous avez enchantés par votre culture et par votre voix… » « C'est vrai, c'est inhabituel ici », renchérit un vieux confrère couvert de médailles. Je l'assure que je n'ai pris aucun cours de diction, il répète que c'est très inhabituel, ici…

Le jury revient. À l'unanimité, je suis proclamée lauréate. Applaudissements nourris. Je suis la première femme couronnée. « Ta mère, Fritna, n'a pas compris ce qu'elle ratait. » Édouard, en hôte qui reçoit, debout entre deux grands fauteuils de velours rouge, ne se lasse pas d'écouter les compliments et félicitations. Un vieux bâtonnier de ses amis lui glisse : « Tu veux que je te dise, Édouard ? Gisèle, ta fille, c'est ta meilleure expertise ! » (Mon père, l'autodidacte, l'ancien garçon de courses des cabinets d'avocats, était devenu sur le tard expert auprès des tribunaux.) Il m'étreint : « Je te l'avais dit… tu es la meilleure… mais la peine de mort, tu as tort, ma fille, la peine de mort… il la faut, pour les sales criminels, les voyous ! » Je l'embrasse avec tendresse. Il insiste : « Mais pourquoi tu veux la supprimer, pourquoi ? C'est encore une de tes révoltes, ça ? » Il m'aime, il est fier de moi, il n'a partagé aucun de mes choix. Inutile d'en discuter. S'aimer crée quelquefois une communauté affective unique, mystérieuse, qui n'a pas besoin de mots pour se dire. L'amour est une langue en soi.

De retour à la maison, Fritna explique qu'elle n'est pas venue au Tournoi parce qu'elle ne savait pas comment s'habiller. « Mais la robe de dentelle de laine que tu avais mise pour ma prestation de serment ? » Elle objecte qu'il faisait trop chaud pour ça. Le serment, c'était en juin. Aujourd'hui, c'est octobre et la douceur profonde d'un automne tunisien... Je me retiens de le lui faire remarquer.

*

Maître Paul G. m'avait embauchée dès le lendemain. J'avais donc la chance de pratiquer mon stage auprès d'un des meilleurs avocats de Tunisie.

« Vous devez comprendre que plaider, ce n'est pas toujours gagner ni même convaincre... Défendre, c'est expliquer ce qu'un droit répressif et une société cadenassée considèrent comme inexplicable. Donc inacceptable pour eux. »

Ma feuille de désignation pour le Tribunal militaire à la main, je ne l'entendais pas de cette oreille. Je ne voyais pas le métier ainsi. Pas seulement. Je l'avais toujours imaginé, voulu épique, flamboyant.

« Expliquer, reprend posément le patron, c'est faire avancer les valeurs de justice, c'est changer les mentalités quelquefois malgré l'échec du verdict... »

Oui, mais cet échec me remettait en cause. « Attendez, ne soyez pas impatiente ! » Il se lève, m'entraîne vers la porte. « Donnez-vous six mois. Vous verrez... »

Je marmonne vaguement qu'en effet j'allais réfléchir. « Nous en reparlerons. Dans six mois, vous comprendrez mieux. » Le patron me serre la main, ce qu'il ne fait jamais avec ses collaborateurs... En attendant, désignée d'office par le bâtonnier pour la défense d'un autre « joyeux », j'allais de toute manière consulter le dossier. Après, je déciderai.

3

Le « joyeux » père déserteur

Avocate, je voulais l'être de toutes les forces de mon enfance déjà, puis de mon adolescence.

Je revois Édouard ce matin de septembre, dans une main, une feuille imprimée à remplir, dans l'autre, son porte-plume sergent-major. Perplexe. « On doit mettre des croix dans les cases. C'est pour les langues étrangères que tu veux apprendre au grand lycée… »

Je venais d'être reçue première à l'examen des bourses. J'entrai donc en secondaire dans le grand lycée Armand-Fallières (pour filles seulement). (« Les frais, se désolait Fritna, ma mère, ça peut payer ton trousseau de mariée ! ») Dispensée heureusement, grâce à ma bourse, du paiement des mensualités. En effet, les lycées français Jules-Ferry, Armand-Fallières, Carnot (pour les garçons) fonctionnaient à Tunis comme des établissements privés, en ce sens qu'ils étaient (lourdement) payants. À part une Tunisienne (on disait « une Arabe »), fille d'un haut dignitaire de Son Altesse le Bey, et moi, boursière, toutes les élèves dans ma classe étaient filles de colons, de fonctionnaires, d'avocats ou de médecins, de sénateurs français de Tunisie. Il fallait aussi fournir livres, cartes, cahiers, et toute la panoplie nécessaire à l'étude. Heureusement, appartenant à une famille classée nombreuse et nécessiteuse, le prêt des livres me fut consenti chaque année. « Il faudra quand même acheter les cahiers, les crayons... », soupirait Fritna. « Tu ne dois rien gaspiller. Regarde, pour les brouillons... », disait Édouard.

Il prenait deux vieilles enveloppes d'un courrier ancien, précieusement conservées, y glissait un coupe-papier. Ainsi ouverte, l'enveloppe offrait au verso une surface d'écriture.

Cette entrée en sixième m'a tellement marquée par ses préparatifs, ses calculs à un sou près, les atermoiements de mes parents (« les études pour une fille, à quoi ça sert ? Elle va vite se marier... Enfin... puisque c'est gratuit... ») que j'en revois toutes les scènes, les lieux. J'entends les mots, ma mère allant et venant, mon père s'essayant à l'exactitude dans la confection de mon dossier... J'ai même gardé encore aujourd'hui le geste d'ouvrir quelquefois les enveloppes comme il me l'avait recommandé pour épingler sur des dossiers quelques observations à mes secrétaires...

Pour l'heure, ces *langues étrangères* posent un problème à Édouard. D'abord, il n'en voit pas la nécessité. « Vaudrait mieux apprendre à fond le français... Quelle histoire, ces langues des autres ! — Je veux apprendre le latin. » Ahurissement d'Édouard. « Mais c'est pour les catholiques, pour la messe... — Non. Il paraît que ça aide pour le droit... Je veux être avocate. »

J'ai gardé longtemps cette idée. Le droit romain et le latin, c'est le fond des études d'avocat. Au point que je me pris d'un véritable engouement pour Cicéron, Tite-Live, Pline le Jeune et que je m'essayais, en dehors des cours, à les traduire pour mon propre plaisir. Je prétends encore qu'aucun enseignement (substantiel) ne permet autant que celui du latin d'approcher la pureté et la musicalité du français.

Et de comprendre, en remontant les siècles, la formation des mots, des locutions, voire des proverbes.

Mais Édouard, mon père, n'est pas pour autant sorti du labyrinthe. « Il faut cocher une deuxième case. » Décontenancé, il précise : « "Ils" veulent que vous preniez une deuxième langue. "Ils" ont écrit : "vivante". »

« L'italien, il y a beaucoup d'Italiens ici, je veux leur parler. » (Et ma copine Jacqueline R., fille de professeurs, avait déjà choisi l'italien. Hors de question que nous nous séparions, ne fût-ce que pour les heures de langue.) « Et puis c'est joli dans les chansons », ajoutai-je pour en finir. Mon père coche deux fois. Les jeux sont faits. J'apprendrai Dante, Pétrarque, Manzoni, cela et tout. Ma boulimie de lectures et ma curiosité feront le reste. De toute manière, je serai l'avocate contre l'injustice.

*

Je consulte le dossier de Marc H., accusé de désertion, sur une petite table de bois branlante, dans un coin du secrétariat du greffe du Tribunal militaire de Tunis. Plaisir intense. Je reconnais immédiatement — et je traduis — les formules en latin telles que

« *non bis in idem...* » ou « *nemo auditur propriam turpitudinem allegans* ». Ce dernier principe (« Personne ne peut se prévaloir de sa propre faute ») me semblait d'ailleurs coller parfaitement à ma conception de jeune juriste idéaliste. Faire coïncider le droit et l'éthique, introniser la justice en gardienne de certaines valeurs morales. Même pour sa défense, un inculpé ne pourra faire prévaloir sa *turpitudo*, sa faute, son délit, son acte immoral. Que la vie d'avocate devenait belle !

D'autant que, finalement, l'affaire Marc H. m'intéressait au plus haut point. Ce « joyeux » avait noué une liaison pendant ses permissions. Quand Claudia — d'origine italienne — eut la certitude qu'elle était enceinte, le militaire la laissa libre de choisir. « Je veux cet enfant de toi puisque nous nous marierons... Je veux le garder », décida-t-elle. Quelques mois plus tard, alors que Marc était en permission auprès d'elle, Claudia ressentit les premières contractions. La sage-femme prédit l'accouchement dans la journée. Marc et Claudia étaient heureux : ils accueillaient ensemble la venue au monde de leur enfant, la permission n'expirait que le lendemain à dix-huit heures... Mais les choses se compliquèrent. Les contractions se ralentirent et Claudia ne perdit les eaux que très tard le soir. Marc devait rejoindre son unité et l'enfant ne naissait toujours pas... Alors il attendit. Tantôt en prenant la main de Claudia qui, défigurée par la douleur, hurlait comme une bête sauvage, tantôt sommé par la sage-femme de s'installer dans la pièce attenante, épuisant sa ration de cigarettes Troupes... Un garçon. « Trois kilos trois cent cinquante », me précisa-t-il, les yeux encore pleins d'émerveillement devant ce prodige.

J'étais allée le voir à la prison militaire la veille de l'audience. « Il s'appelle Marc. Comme moi. » Une telle fierté, une telle revendication de ses responsabilités que passer en jugement dans ces circonstances lui semblait, en regard, futile.

« Mais vous êtes accusé de désertion... et comme votre casier judiciaire de "joyeux" est bien garni... » Il n'écoutait guère, il me montrait les dernières photos de Marc junior, à deux, à trois semaines... Après l'accouchement, il était demeuré quelques jours auprès de Claudia. Le trio attendrissant filait le parfait amour alors que le Code de justice militaire, lui, décomptait, implacable, les jours d'absence. Après « l'absence volontaire et injustifiée », Marc était entré dans la zone du délit de désertion. « Claudia n'a plus de mère... Son père est pêcheur aux îles Kerkenna et rarement auprès d'elle... Je ne pouvais pas les laisser, mon fils (il scandait "mon fils") et elle, comme ça... Il me fallait arranger les choses d'abord... »

Marc, au regard bleu comme la fameuse ligne des Vosges et aux lèvres charnues, a quelque chose d'enfantin dans le visage. Ces fossettes à peine marquées, sans doute. Ces propos volontaristes y détonnent même un peu.

Qu'importe ! Les faits sont têtus, le Tribunal militaire encore plus.

Le jour de l'audience, Marc H., très calme, résiste. Respectueusement. « Monsieur le président, si vous le permettez... Monsieur le président, je voudrais ajouter... » Il voulait tout expliquer au Tribunal. Il ne pouvait abandonner Claudia aux seules mains de la sage-femme. Elle a dix-neuf ans et c'est la première fois...

Pendant qu'il répond à l'interrogatoire, je scrute les juges. De marbre. Deux d'entre eux, visiblement hostiles. Des haussements d'épaules, des yeux au plafond. Le président impénétrable, mais écoutant l'accusé plus qu'à l'accoutumée. « Ces audiences sont bâclées. Dix minutes pour chaque dossier », m'avait avertie de nouveau le bâtonnier. Pourtant, je viens de sentir la brèche, je m'y engouffre. Cette fois-ci, aucune citation, aucune allusion à nos auteurs dans ma plaidoirie. Pas de culturel surtout. Les faits, rien que les faits. Et le dilemme. Devait-il laisser Claudia sans le moindre soutien affectif et regagner son bataillon ? « La réponse est sans équivoque dans le Code de justice militaire, messieurs. C'est oui. » Mais, dans la vie, dans l'éclatement et la lumière que peut représenter la naissance d'un enfant pour un jeune couple déraciné, solitaire, amoureux ? L'événement modifie les données, les priorités, les individus. Marc H. avait choisi d'assumer sa responsabilité de père. « Fait trop rare, messieurs, pour que vous l'en sanctionniez. Claudia et le petit Marc ont besoin très vite de le retrouver lors de ses prochaines permissions. Les officiers que vous êtes, messieurs du Tribunal, pourraient-ils un instant, un court instant, vivre par l'imagination le choix crucial de Marc H. ? » Quelque chose de vague flotta dans certains regards galonnés. Je lâchai : « Un choix d'honneur, messieurs. »

Il n'y avait pas eu encore de mariage. Les démarches avaient été entreprises, j'en apportai la preuve. J'anticipais quelque peu pour forcer le sort que je voulais, à tout prix, clément.

« Si vous le pouvez, messieurs, alors vous ne condamnerez pas. Au nom de l'amour certes, mais surtout au nom du devoir d'un jeune père et d'un jeune époux… »

Le Tribunal déclara Marc H. coupable de désertion. Impossible qu'il en fût, en droit et en fait, autrement. Mais il bénéficia de telles circonstances atténuantes que la peine prononcée — un mois d'emprisonnement — couvrit la détention provisoire. Libre, il put rejoindre Foum Tataouine le soir même.

Les choses de la vie contre la force des codes.

Je redescendis de la Casbah par mon itinéraire préféré, les souks. Ce jour-là, leur vie grouillante donnait plus de sens à cette victoire.

Je me sentais portée par l'affaire plaidée ce matin-là. Décidément, le métier d'avocat était le plus beau du monde. À mon patron qui m'interrogeait, au retour, je dis simplement ma volonté de défendre, de continuer.

« Je vous l'avais dit. Beaucoup d'heurs et malheurs vous attendent. » Le patron ne souriait pas, ne souriait jamais. « Mais défendre peut être une raison de vivre. » Il enleva ses grosses lunettes, je rencontrai pour la première fois son regard. Étonnant de malice et d'intelligence.

4

Quand l'Histoire se mêle à mon histoire...

Je ne savais pas que le désarroi de l'affaire du voleur de patates ou la joie (toute particulière, mélange de fierté professionnelle mais aussi d'adéquation de l'idéal au réel) de celle du jeune-père-avant-tout me paraîtraient, quelques années plus tard, anodins. Je ne savais pas que je plaiderais dans les prétoires d'autres tribunaux militaires, mis en place par des lois spéciales, au moment où les pouvoirs de police étaient dévolus aux militaires. Je ne savais pas enfin que les guerres d'indépendance de la Tunisie et de l'Algérie feraient irruption dans ma vie avec une telle violence, détruisant les mythes dont l'avocate était pétrie.

En Algérie, la torture érigée en système, les disparitions, les exécutions sommaires, accompagnées de leur cortège de complicités à tous les niveaux du pouvoir (judiciaire et politique), mettaient à mal ma croyance fervente en la primauté des droits de l'homme et surtout en leur évidente universalité.

Des hommes, policiers et militaires, tentaient de supprimer en d'autres hommes ce que l'homme avait d'intangible, sa résistance à l'oppression, son honneur de militant, sa dignité humaine. Des bourreaux qui se déshumanisaient dans leur tentative de déshumaniser leur victime.

J'ai raconté le procès de Moknine, en Tunisie[1].

J'ai raconté l'affaire de la jeune militante du FLN Djamila Boupacha[2] torturée et violée par les paras français.

Ce que je n'ai jamais dit — ni écrit — c'est l'ampleur du viol des femmes algériennes par les troupes françaises. Ni les viols de masse dans les « mechtas », ni les viols systématiques — comme degré numéro un de la torture — des militantes arrêtées pendant la guerre.

Pourquoi ce silence ?

D'abord et avant tout parce que les victimes l'avaient exigé. Au-delà de la souffrance, au-delà du choc même de la torture, ces femmes se sentaient, comme toute femme violée, coupables. Sentiment de honte inexpliqué, inexplicable (sauf, sans doute, par le conditionnement — religieux, judiciaire, culturel — de nos sociétés). Le crime de naître femme, sans doute. Les Algériens torturés décrivaient avec

---

1. *In La Cause des femmes, Folio, 1973 (rééditions successives mises à jour).*

57 Tunisiens, accusés d'avoir, à Moknine, participé à l'émeute du 23 janvier 1952, au cours de laquelle des gendarmes avaient été massacrés, furent jugés par un tribunal militaire (18 au 25 mai 1953). Le procès se termina par le prononcé de nombreuses condamnations, dont trois à la peine de mort. Je soutins leur demande de grâce devant le président de la République, René Coty. Ce fut ma première expérience d'avocate de la dernière chance, du dernier recours.

2. *Djamila Boupacha* (préface de Simone de Beauvoir), Gallimard, 1961 (nombreuses rééditions).

précision la « question » à laquelle ils avaient été soumis. Les Algériennes ne reconnaissaient avoir été violées que dans le secret, comme celles que j'avais défendues et qui affirmaient que leurs « sœurs » avaient subi le même sort. Celles qui ressortaient indemnes des centres militaires n'étaient que l'exception. Mais elles exigeaient de leurs avocats le secret. Consciente ou pas, une immense dévalorisation d'elles-mêmes, la perte de toute estime pour leur propre « humanité » les terraient dans le non-dit. Leur corps leur était devenu étranger, presque hostile. Et leur esprit amnésique ne le gouvernait plus.

Meryem Z. ne m'avait autorisée à parler des « sévices sexuels » exercés sur elle qu'avec maintes exigences de vocabulaire. « Tu ne dis pas que j'ai été violée... Tu racontes la bouteille... C'est pas un viol ça, c'est des violences sexuelles. C'est tout. » Alors qu'elle était vierge, les paras l'avaient déflorée à l'aide d'une bouteille de bière. Le viol, le « vrai », celui que les geôliers, excités, avaient perpétré sur elle, après la bouteille, en la saccageant de leurs sexes, Meryem n'a jamais accepté de le dénoncer. Elle pleurait : « Je ne suis plus rien, je ne suis plus une femme, je suis morte en dedans... bonne à jeter aux ordures... » La tradition musulmane, le tabou de la virginité, la culpabilisation millénaire de la femme violée au nom du Christ, du nazisme, de la liberté — qu'est-ce que ça change, pour les femmes ? — ont recouvert ces viols d'une chape de silence.

« Même dans la tête de nos parents, il aurait mieux valu que nous soyons mortes, tu sais... Un viol, c'est pire que tout, c'est le comble du déshonneur pour toute la famille… » Meyrem pleurait, le visage dans ses mains[1].

Quant aux paras violeurs, pouvait-on attendre d'eux qu'ils confient spontanément s'être livrés à cette torture spécifique ? Même en dehors de tout paroxysme, la femme reste, dans un rapport de forces millénaire, le butin de l'homme.

*

J'ai raconté, d'une manière assez précise, le procès d'El Halia, en Algérie[2].

Je pensais n'avoir rien à ajouter, sinon la survivance en moi d'un sentiment de révolte. On avait fabriqué une mise en scène expiatoire. On avait torturé, pour les forcer à avouer, des innocents.

Survint l'« affaire Aussaresses ». Dans un livre qui fait encore scandale, un général des Services spéciaux (« qui deviendra ensuite instructeur des forces spéciales américaines », précise la quatrième de couverture) avoue avec un cynisme flamboyant comment il a torturé, exécuté, assassiné en Algérie, de 1955 à 1957[3]. Il livre ses souvenirs et proclame que, dans deux épisodes décisifs de cette guerre, « il fut, dans l'ombre, l'un des acteurs essentiels : l'affaire de Philippeville en 1955, et "la bataille d'Alger" en 1957 ».

---

1. A ce jour, Meryem Z. refuse absolument d'être identifiée.
2. *Le Lait de l'oranger*, Gallimard, 1988, Folio 1990 et Pocket 2001.
3. Général Aussaresses, *Services spéciaux. Algérie 1955-1957*, Paris, Perrin, p. 61 à 72.

Les émeutes de Philippeville se sont déroulées le même jour que celles d'El Halia, à quelques kilomètres et à deux heures près.

Le 20 août 1955, le village minier d'El Halia, à vingt-deux kilomètres de Philippeville, est le théâtre d'un horrible carnage. Une bande d'insurgés saccage, pille, incendie et assassine. Trente-cinq victimes européennes, dont dix enfants et quatorze blessés.

Répression féroce de l'armée française contre la population du Constantinois. Appuyée par deux avions, la troupe inonde le village de napalm, ratisse, exécute. Plusieurs milliers de victimes, dont de nombreuses femmes et enfants.

Quelques semaines plus tard, les mineurs algériens d'El Halia sont arrêtés sur leur lieu de travail. Torturés pendant plusieurs semaines, mis au secret pendant onze mois, ils avouent être les auteurs de la tuerie.

Ils comparaissent (quarante-quatre) devant le Tribunal militaire de Philippeville, du 17 février au 4 mars 1958. Ils reviennent sur leurs aveux et pour certains d'entre eux montrent les traces des tortures subies.

Avec mon ami, le grand avocat Léo Matarasso, nous relevons des anomalies dans les aveux pourtant méthodiques. Nous déposons conclusions sur conclusions.

En prenant pour base le rapport d'autopsie du docteur Travail, médecin-légiste, les cadavres ont été distributivement attribués aux accusés par les enquêteurs. Les précisions (« j'ai égorgé cet enfant », « tué cet homme par chevrotine »...) fourmillent.

Nous obtenons l'exhumation de quatre cadavres et une nouvelle autopsie.

Les victimes ont été tuées par balles alors que le premier rapport du docteur Travail affirmait qu'elles avaient été égorgées.

La machine des aveux — collant au premier rapport — se dérègle.

Le docteur Travail, cité par la défense à la barre, s'effondre. Il reconnaît avoir confondu, mélangé, égaré ses fiches. Les enquêteurs, quand ils torturaient pour extorquer les aveux, ignoraient ce désordre. Les juges militaires prononcent cependant quinze peines de mort (neuf avaient été demandées par le Commissaire du gouvernement), une série de peines de travaux forcés à perpétuité, à vingt, dix ans, etc. Un seul acquittement : le délateur.

Tous se pourvoient en cassation. Je soutiens ce recours devant le Tribunal militaire de cassation, à Alger, qui, le 9 avril, casse le jugement de Philippeville.

Un second procès s'ouvre alors devant le Tribunal militaire de Constantine, du 28 octobre au 1er décembre 1958.

Nouvelles exhumations. Nouvelles autopsies. Nouvelles révélations.

Le Commissaire du gouvernement est contraint d'abandonner l'accusation contre trente et un des accusés. Cependant deux condamnations à mort sont confirmées, le fermier Sahab Saïd et son fils Tahar.

Le 12 mai 1959, Léo et moi-même sommes reçus par le général de Gaulle. Devant lui, président de la République, nous refaisons la synthèse de ces deux longs procès et tentons de démontrer que les deux condamnés à mort, Sahab père et fils, se trouvaient le jour de l'émeute à 200 km d'El Halia, témoignages à l'appui. Ils sont donc innocents.

Et graciés le surlendemain. La peine de mort est commuée en travaux forcés à perpétuité.

*

J'étais jusqu'à ce dernier printemps sans nouvelles de ces autres hommes, libérés de la prison, mais aussitôt internés dans des camps. Beaucoup, m'avait-on dit, avaient disparu.

Un seul, Ali B., ne cessa jamais de m'écrire à la fin de chaque année. Il me prodiguait ses vœux de bonheur pour l'an nouveau, appelait sur moi la bénédiction de Dieu, me disait sa reconnaissance pour lui avoir sauvé la vie (il avait été condamné à mort lors du premier procès de Philippeville et acquitté lors du second, à Constantine). Mais il ne pouvait s'empêcher de revivre chaque fois, en quelques lignes, l'horreur et le cauchemar de ces journées chaque année plus lointaines. Horreur du massacre d'El Halia, horreur des tortures subies, horreur de la mise à mort d'innocents.

*

En avril 2001 paraît le livre du général Aussaresses. L'auteur consacre plusieurs pages à cette tragédie. Dans un chapitre intitulé « El Halia », il décrit la tuerie des trente-cinq civils européens et s'étend sur la répression sanglante menée par les militaires français[1]. *Le jour même du massacre*, quatre-vingts Algériens (« fels ») tués sur les lieux mêmes et une soixantaine de prisonniers (« fels et ouvriers musulmans qui les avaient aidés ») exécutés aussitôt sur les ordres d'Aussaresses.

Envoyés sur place, deux cents appelés ouvrent le feu, soutenus par les pilotes de deux avions entraînés pour l'attaque au sol.

Acteur direct et important de la tragédie, Aussaresses affirme donc avoir liquidé froidement *le jour même* (« il fallait les tuer, c'est tout, et je l'ai fait ») tous ceux qui y auraient participé.

Quelques jours plus tard, à la mine, les militaires capturent une autre centaine de fellaghas et, toujours selon Aussaresses, ils sont abattus sur-le-champ.

Un sévère bouclage de l'armée isole, sur un vaste rayon, la région du Constantinois (*Aimée et souffrante Algérie*, par Jacques Soustelle).

Il n'y avait donc plus aucun responsable vivant du carnage du 20 août 1955.

*

Or deux jugements (Philippeville et Constantine) ont condamné les prétendus auteurs des massacres d'El Halia.

Le Code de procédure pénale (art. 622.4°) permet de demander la révision d'un procès lorsque « vient… à se révéler un fait nouveau… de nature à faire naître un doute sur la culpabilité du condamné ».

1. *Op. cit.*

Le fait nouveau, c'est l'aveu d'Aussaresses. Témoignage direct, venant d'un détenteur de l'autorité militaire et se trouvant sur les lieux. Un tueur galonné.

« Au nom du peuple français », des décisions de justice ont été rendues à partir d'aveux obtenus sous la torture et sur de faux rapports.

L'institution judiciaire a gravement failli. Il appartient d'abord à la ministre de la Justice, garde des Sceaux, comme la loi le lui permet, de rendre publics les dossiers de ces deux procès (les avocats n'ont jamais pu obtenir copie des pièces essentielles). Puis d'initier la procédure de révision.

L'Histoire de la guerre d'Algérie, douloureuse, complexe, et celle de notre pays ne peuvent s'écrire sans que soit dévoilée cette « période » judiciaire, tragique en ses errements.

C'est ce que nous avons demandé, mon confrère Michel Zaoui et moi-même, à la garde des Sceaux. Notre demande de révision, en bonne et due forme, déposée depuis le 8 juin 2001, attend une décision.

*

En vérité, je n'ai jamais pu me contenter de mon rôle d'avocate.

Je sentais en moi l'exigence du témoin engagé. S'exprimer à la barre était du ressort du seul défenseur. S'adresser à l'opinion publique, de celui de la militante des droits et des libertés.

Mais surtout, je voulais, avec l'énergie du désespoir, sauvegarder mes rêves d'adolescence. J'avais choisi d'être avocate pour rompre l'engrenage des rapports de forces, faire respecter en chacun sa parcelle de dignité humaine, expliquer qu'un état psychologique extrême peut détruire un honnête homme et construire un criminel. En quelques secondes et pour quelques secondes. La justice allait-elle en faire — pour toujours — un hors-la-loi ? Refuser d'explorer ces territoires inconnus de l'individu, ces mystères où se cache sa vérité ?

Du paroxysme personnel, je me trouvai brusquement confrontée au paroxysme de l'Histoire. Ces hommes et ces femmes épris de liberté qui, les armes à la main, voulaient arracher leur droit au pays, au drapeau, à l'indépendance. Sujets, ils se voulaient citoyens. Ils récusaient la loi française parce que loi d'exception, loi d'oppression, loi étrangère, finalement.

Cette Histoire entrait par effraction dans mon histoire.

Et mon histoire, du moins celle du choix de la défense, je la découvrais soudain plus complexe que je me l'étais imaginé.

En fait, à côté de ce qu'il est convenu d'appeler une vocation, je me suis sentie très tôt attirée par la rébellion contre la machine sociale. D'une certaine manière, la marginalité m'avait toujours semblé préférable à l'ordre établi. Jusqu'où ? Je dirais aujourd'hui jusqu'à la délinquance, la clandestinité, la fuite. La défense me permettait ce jeu de miroirs qui répondait à mon ambiguïté.

Au nom de la loi, contester la loi. Pour la société, contre elle s'il le faut, défendre un individu isolé. Sans que l'anarchie ne m'ait jamais tentée, je n'avais pas mis au point le système politique idéal. Que faire alors ? Je commencerai donc par dénoncer les abus, compromis et faux-semblants du nôtre. Par quels moyens ? Réponse sur le fond confuse, parcellaire. En revanche, je déterminais les limites de ces moyens avec clarté. Grâce aux chemins que j'avais, finalement, choisis. Choisis peut-être aussi pour me protéger, pour construire autour de moi, de mes gesticulations, une série de garde-fous. Pour repousser, jusqu'aux extrêmes confins, mon ombre, mon abîme, ma propre nuit en somme. Être avocate oblige, en principe du moins, au respect des lois, des tribunaux, des institutions. Nous le jurions dans notre serment d'avocat, avant sa modification en 1982[1].

Avoir un compagnon, des enfants crée une étrange alchimie d'obligations, d'amour, d'horaires. De contradictions et de culpabilités aussi. À la fois piège et salut. Une vie privée, avec des nuits blanches et des matinées au lit, ne pouvait s'accorder avec la vie professionnelle que j'avais choisie.

Souvent je rêvais d'un hôtel à Paris — un tout petit hôtel, inconnu et à peine visible — où je coulerais des heures d'irresponsabilité jouissive. Pas de ménage à faire, ni de meubles à soi, ni de plombier à appeler en catastrophe. Pas d'enfants, ni repas, ni dodos… Seule avec mes livres et mes griffonnages quotidiens. Une étrangère à l'étranger. Le bonheur absolu de se dissoudre dans tout et rien et d'exister aux marges, par ce bonheur, justement.

Au lieu de cela, deux parcours — privé et professionnel — imbriqués, dépendant totalement l'un de l'autre. Fondus ensemble, tant bien que mal.

1. Voir *infra*.

Comment plaider avec toute la lucidité exigée par l'enjeu — je défendais des hommes et des femmes qui m'avaient confié leur honneur de militants, leur liberté et même leur vie — dans une vie chaotique, purement narcissique ? Jouit-on de la plénitude de ses moyens — connaissance parfaite du dossier, du droit, de l'accusé, du contexte politique — au retour de virées nocturnes débridées ? Possible, une fois ou deux, par exception. Pas durant toute une carrière. Si bien que les horaires impérieux des enfants, les exigences d'une longue vie commune, certaines habitudes petites-bourgeoises m'aidèrent, paradoxalement, à combattre une politique et une société que, par certains côtés, j'intégrais.

On l'a compris. Je récusais l'injustice de l'ordre établi mais devais me garder de le faire à partir d'une marginalité inextricable ou même de la délinquance. Inconsciemment sans doute, je dramatisais le rôle de l'avocat. Je n'envisageais la défense que comme le moyen désespéré de briser un engrenage. Celui d'un homme seul, pris dans les filets de sa nuit et confronté à un monde qui l'accuse. Un face-à-face d'autant plus désespéré que l'opinion publique s'en mêle.

Le monstre, l'assassin, à mort ! La justice peut alors devenir une machine à broyer.

En réalité, pour fuir cette part d'ombre que je portais, comme chacun, en moi, je retrouvais celle qui, chez les criminels, avait triomphé. Fascination et volonté de l'expliquer. Et en l'expliquant chez les autres, la dompter, la mettre au pas, la bousculer vers la lumière.

*

Ma chance a voulu que les grands événements de l'Histoire — guerres d'indépendance en Tunisie mais surtout en Algérie, Tribunal Russell contre la guerre du Vietnam, missions en Espagne franquiste, dans la Grèce des Colonels[1], etc. — se soient mêlés à l'histoire de ma vie, l'aient pénétrée jusqu'à la remplir totalement. Ma vie, c'était défendre. Et défendre revenait à participer à l'Histoire, faite, défaite, refaite.

Mais l'Histoire se tisse aussi à travers les grandes mutations de la société. Le mouvement de libération des femmes, le droit de choisir de donner (ou non) la vie, la lutte contre le viol (alors banalisé), la reconnaissance du choix de l'homosexualité, autant de tournants « historiques » qui irriguaient mes chemins personnels. Sans l'avoir calculé, ma vie se confondait, du matin au soir, avec le nouveau siècle.

Le tout dans un équilibre précaire. Je ne voulais ni renoncer aux câlins du soir, aux histoires lues, aux « guili-guili », aux galipettes auxquelles mes fils et moi nous nous livrions, ni étudier à moitié les dossiers du lendemain. Veiller aux menus, écrire jusqu'au détail le plus minutieux l'emploi de la journée pour l'étudiante qui les gardait, téléphoner d'Alger ou d'Athènes, ou de Madrid, deux fois par jour, et, en même temps, assurer les audiences d'un tribunal militaire qui égrenait, comme une litanie, les noms des condamnés à mort, dormir quelques

1. Observatrice internationale dans les grands procès contre les résistants, notamment celui dit des « professeurs terroristes ».

heures malgré les menaces, les injures obscènes qui résonnaient dans mon téléphone, la nuit… La défense, dans ces circonstances, peut-elle observer la parfaite coupure entre privé et professionnel, entre la femme et l'avocate ? Comment, de plus, respecter le recul d'avec la cause défendue (surtout ne pas s'identifier avec elle, règle numéro un de notre déontologie…) ?

Par exemple la torture. Restez courtoise à la barre, dites-le avec sérénité, plutôt suggérez-le… Nous sommes entre gens de justice, donc convenables, par définition. Étouffez en vous les hurlements des suppliciés, oubliez le choc des valeurs trahies, faites votre deuil de la rupture entre la défense et la mise en scène judiciaire…

On verra que ces « prescriptions » ne pouvaient avoir cours pour moi dans une justice malade de sa violence. Défendre signifiait alors m'engager.

Et je l'ai dit, emporter avec moi ma vie en entrant dans les prétoires.

5

La justice hors la loi

La guerre d'Algérie, avec son cortège d'atteintes aux droits de la défense, de trucages judiciaires, de tortures, avec l'effacement de l'ordre civil au profit d'un « tout à l'armée » par la grâce de pouvoirs spéciaux (arrestations, assignations à résidence dans des camps, enquêtes, jugements par les tribunaux militaires d'exception, exécutions sommaires, disparitions...), fit vaciller mes convictions, pourtant chevillées au corps.

La justice, rendue au nom du peuple français, s'intègre alors dans le dispositif de lutte politico-militaire. Jusqu'à faire du droit l'otage d'une logique de guerre. Jusqu'à disparaître en tant que telle.

Les magistrats — civils rappelés sous les drapeaux — ont l'âme de leurs uniformes. Militaires comme ceux qui cassent du « fellouze » dans les djebels. Soldat ou juge, il faut tirer ou condamner. Plus de frontière distincte. Tous deux sont mobilisés dans le même but : rétablir, par tous les moyens, l'ordre répressif français.

La défense avait-elle encore un sens — et lequel — dans ce scénario judiciaire ? Mise hors la loi, devait-elle s'entêter ? Ne risquait-elle pas de servir, en définitive, d'alibi, d'avaliser par sa présence de véritables parodies de justice ?

*

Le 28 décembre 1956 à Alger, Amédée Froger, maire de Boufarik et président de l'Interfédération des maires d'Algérie, est abattu. Une personnalité symbolique de l'oppression colonisatrice et de son système administratif. Alors qu'il quittait son domicile, ce matin-là vers 9 h 30, et qu'il prenait place dans sa voiture, un inconnu surgit et tira sur lui trois coups de revolver. Il s'enfuit par la rue Michelet, poursuivi par des témoins. On ne le rattrapera pas.

30 décembre : jour des obsèques de Froger. La foule dense — plus de vingt mille personnes —, qui avait suivi le corbillard en long cortège, se répand dans les rues d'Alger aux cris de « Algérie française ! ».

En petits groupes, elle se livre à une véritable chasse au faciès. Les Algériens qui ont le malheur de se trouver sur son chemin sont abattus. Plusieurs morts. Ratonnade sanglante. Participent à cette hystérie meurtrière des colons, des UT (Unités Territoriales d'autodéfense), des civils. La République perd en quelque sorte sa légitimité. On désobéira, on se fera justice, on mettra au pas ces bicots qu'une poignée d'intellectuels tordus et quelques avocats partisans à Paris ont transformés en avant-garde révolutionnaire.

C'est sans doute ce jour-là que, dans certaines têtes, est née l'OAS[1].

Bloquée dans un angle de trottoir, témoin un moment de ce déferlement, je l'avoue, j'ai eu peur. Ces mouvements incontrôlés se révélaient déjà incontrôlables...

Quelques semaines plus tard le SNP[2] Badèche Ben Hamdi est arrêté. Il est accusé du meurtre de Froger.

*

La bataille d'Alger faisait rage. La ville, tout entière livrée aux paras de Massu, se recroquevillait dans la terreur. Seuls les héros continuaient dans la clandestinité leur combat.

Devant le Tribunal militaire d'Alger, en ce mois d'avril 1957, Badèche Ben Hamdi nie farouchement les faits. Aux côtés de mon confrère Yves Dechézelles, j'assure sa défense.

Le dossier est tellement truffé d'invraisemblances, de contradictions et même de contrevérités que l'écrivain Maurice Clavel, alerté, est venu à Alger assister aux débats. « Où est donc cette cicatrice qui

---

1. Organisation de l'Armée Secrète, fusion de groupes d'activistes qui voulaient garder l'Algérie française. L'OAS utilisa la violence, les ratonnades, les assassinats d'avocats, de policiers, de gaullistes pour s'opposer à l'autodétermination en Algérie. Malgré sa dissolution prononcée le 6 décembre 1961, l'OAS continua de sévir, même après les accords de paix d'Évian (mars 1962).

2. SNP : sans nom patronymique. Avant la colonisation, l'Algérie ne tenait pas de registres d'état civil. L'administration française a procédé à une « reconstitution », avec la précision SNP.

devait identifier l'accusé ? Où sont les témoins qui l'auraient dénoncé ? » interroge-t-il dans son article publié par *Combat* sous le titre : « Une ténébreuse affaire. »

Clavel y raconte aussi son « interpellation » au Tribunal militaire lors d'une suspension d'audience. On cherche « un journaliste de Paris ». « C'est moi », dit Clavel. Et on l'entraîne au-dehors vers l'officier de police judiciaire qui venait d'accabler à la barre SNP Badèche Ben Hamdi. « Vos papiers ! » Clavel explique qu'il est à l'hôtel Saint-Georges, qu'il a (bien) rempli sa fiche d'identité... « C'est pour le contrôle des garnis », réplique le policier, puis il s'embrouille, « on recherche un de vos homonymes... », pour conclure en se fondant dans l'ombre grandissante, « vous faites votre métier, je fais le mien... ». Tentative d'intimidation.

Au terme d'un procès de deux jours, le 11 avril 1957, Badèche Ben Hamdi est condamné à mort.

Tout au long des débats, il aura protesté de son innocence. « Ce n'est pas moi, je le jure. Un homme important a été assassiné. Il faut un coupable... Ce n'est pas moi... » Arrêté le 25 février 1957 — soit deux mois plus tard et sur dénonciation —, il ne fut remis aux autorités judiciaires que le 8 mars suivant. Entre-temps, il aura vécu l'enfer. Il montre les traces des tortures infligées. Dechézelles et moi-même n'avions encore jamais vu de nos yeux des traces aussi profondes de blessures provoquées par des liens. Bien qu'illettré, Badèche Ben Hamdi trouve des formules en arabe nées du seul souvenir de la souffrance. « Monsieur le président, le métal, on peut le tordre. Le fer, on peut le fondre. Alors que peut-on faire de l'homme avec sa douleur ? » Il répète qu'il s'en remet à Dieu et au président.

Un cafetier et un garçon de café sont arrêtés pour complicité. Le premier raconte à l'audience en des termes poignants les tortures subies. Le second ne parlera pas. Il est mort, deux jours après son incarcération. « Des suites des tortures », affirme son patron. Quant à l'arme du crime, malgré le bouclage sévère du quartier par l'armée, elle n'a jamais été retrouvée.

Le soir, dans ma chambre d'hôtel, Dechézelles, Clavel et moi faisons le point. « C'est une mise à mort, dit Clavel, ce n'est pas un jugement. » Il parle très fort, va et vient du lit à la fenêtre, enlève, remet ses lunettes. Il semble chercher, fixer un point, de ses yeux de grand myope. « Mais, bon Dieu, où va la justice, où va l'Algérie ? »

Épuisée par ces longues journées commencées tôt et se terminant tard dans nos chambres par la remise en ordre des notes d'audience, la rédaction de nouvelles conclusions, la recherche désespérée d'un autre chemin de justice, je me suis assise sur le lit, le dos calé par des oreillers. J'écoute Dechézelles et Clavel discuter, je perds un peu le fil, les bruits s'affaiblissent, mon regard se brouille. Je finis par m'endormir, rompue, malgré le va-et-vient de mes deux amis dans la chambre, leurs commentaires à haute voix, les lampes allumées.

Je crois que, terrassée par ce rapport de forces qui nous condamnait tous — Badèche Ben Hamdi, ses avocats, ceux qui, comme Clavel, s'accrochaient à certains principes —, j'avais laissé mes propres défenses s'écrouler. Et livrée tout entière à la fatigue physique et nerveuse de l'épreuve, j'avais fui. Dans le sommeil. J'avais déserté, en somme.

Dans son article pour *Combat* du lendemain, Clavel décrivait la scène (pour conclure que certains avocats français s'épuisaient dans leur lutte contre les tortures en Algérie et que c'était cela le vrai visage de la France, etc.).

Malgré cette démonstration, j'en conçus une grande honte. Je ressentis ma vulnérabilité et, partant, mon impuissance.

En attendant, ce procès, nous nous devions de le dénoncer. Dechézelles et moi-même, passant outre aux règles — à l'époque, rigoureuses — imposées à l'avocat dans son rapport à l'opinion publique (on dirait aujourd'hui aux médias), rédigeons un communiqué lapidaire : « Un devoir impérieux de conscience nous oblige à préciser les circonstances qui ont précédé le procès de M. Badèche Ben Hamdi, condamné à mort par le Tribunal permanent des forces armées d'Alger, le 11 avril 1957, pour l'assassinat d'Amédée Froger.

1. Badèche, arrêté dans la nuit du 25 au 26 février 1957 par des parachutistes, n'a été déféré devant M. le juge d'instruction que le 8 mars 1957, date à laquelle il fut placé sous mandat de dépôt.

2. Badèche a affirmé qu'il avait été torturé et que ses aveux avaient été arrachés par la violence. Le médecin commis pour son examen constata l'existence de séquelles de plaies aux poignets et aux chevilles.

3. L'instruction devant le magistrat s'est limitée à un interrogatoire extrêmement bref : ni audition de

témoins, ni confrontation avec eux, ni reconstitution du crime.

4. À l'audience, aucun des nombreux témoins cités par l'accusation ne reconnut formellement Badèche. Les deux seuls témoins qui le reconnurent avaient été cités par l'avocat qui lui avait été désigné d'office[1]. Ils se manifestèrent pour la première fois à l'audience et n'avaient jamais demandé à être entendus.

5. Pour apprécier la valeur des prétendus aveux passés par Badèche devant les parachutistes et les policiers, il suffit de se référer à l'information parue dans le *Journal d'Alger* du 6 mars 1957, selon laquelle bien avant l'arrestation de Badèche les parachutistes du 1er REP avaient entre les mains des individus, cinq au total, qui avaient avoué avoir commis cet assassinat.

Le *Journal d'Alger* ajoutait : "L'homme a été trahi par une cicatrice du genou."

Or, cette cicatrice n'existe pas. »

Seuls quelques journaux marocain (*L'Istiqlal*), tunisiens (*La Presse*, *Résistance algérienne*) publient notre mise au point. En France, Madeleine Jacob, la très célèbre chroniqueuse judiciaire de *Libération* (journal fondé par d'Astier de la Vigerie), reprend dans ses articles l'analyse détaillée de « la curieuse affaire Badèche ».

*

1. La majorité des avocats du barreau d'Alger proclamait sa volonté de garder l'Algérie française.

Le 12 avril, soit le lendemain du procès, se déroule dans toute la France, à l'appel du Mouvement de la Paix, de la Ligue des Droits de l'homme et d'autres organisations, une Journée nationale contre les tortures. Des manifestations nombreuses dénoncent la « pacification » et condamnent « ses méthodes qui ne sauraient trouver aucune légitimation dans d'inexcusables excès commis dans l'autre camp ». Des personnalités lancent un appel à la négociation.

La veille, *France-Observateur* a été saisi. Un article de Claude Bourdet dénonce — dit le communiqué officiel — « le comportement de l'armée en Algérie ». Saisie à tous égards illégale.

Quelques jours plus tard, Maurice Clavel commence dans *Combat* une série d'articles avec pour titre « Préambule sur la torture ».

*

Au nom de Badèche Ben Hamdi, nous formons un pourvoi en cassation. La législation avait même « délocalisé » ces procédures de dernière chance. La Cour de cassation siégeant à Paris est mise hors de course, seul le Tribunal militaire de cassation, à Alger, est compétent. Devant cette juridiction, je veux le dire, l'écrire, je me suis toujours trouvée seule. Nos confrères auprès de la Cour de cassation, spécialisés dans ces procédures de droit formel, nous aidaient à rédiger les mémoires et à mettre en ordre nos arguments. Mais — à quelques exceptions près —, ils acceptaient rarement de plaider à Alger. Nous le faisions à leur place, sans la moindre expérience de ces débats, très particuliers.

J'avais revu Badèche Ben Hamdi à la prison d'Alger. Musulman fervent, il répétait que Dieu ne permettrait pas l'exécution d'un innocent. Il était confiant. Sa foi le soutenait. Il s'exprimait avec douceur : « Dieu m'est témoin, je n'étais pas sur les lieux, je n'ai tué personne… » Je l'écoutais. Je me taisais. Depuis le début de cette affaire, j'avais un sombre pressentiment.

*

Quelques mois plus tard, je me présente donc devant le Tribunal de cassation à Alger. J'ai salué auparavant le Commissaire du gouvernement, comme il se doit. Bizarre, fixant le sol, il répond par monosyllabes entre de grands silences. Non que l'accusation ait jamais fraternisé avec la défense, tant s'en faut… Mais cette attitude fuyante me surprend.

Il a la parole le premier. Dès ses premiers mots, je crois n'avoir pas bien entendu. Je me tourne vers les confrères présents qui se regardent à leur tour, interloqués. « Avant d'examiner ce pourvoi, je veux signaler au Tribunal un fait important. Mme Gisèle Halimi, qui se présente à la barre pour le condamné, n'a pas le droit de porter la robe d'avocat. Elle commet un délit… » Clouée à mon banc, je ne comprends pas. Où veut-il en venir ? Je plaide en Tunisie, en France et en Algérie, depuis cinq à six ans et toujours revêtue, comme toute avocate, de cette robe… « Mme Gisèle Halimi n'est pas *maître*. *Madame* Gisèle Halimi n'est ni avocate » et, reprenant son souffle, « ni française ! » Le Commissaire du gouvernement a lancé avec force sa dernière accusation. « Il me faut prendre des réquisitions contre elle, pour usurpation de titre et de qualité ! » et après quelques secondes « … et de nationalité… »

Je n'ai pas encore bougé… Cet homme doit être fou. Où a-t-il pris ça ? Il invente cette histoire pour me bâillonner, pour réduire à néant la défense, pour mettre sur l'heure la tête de Badèche Ben Hamdi sur le billot de la guillotine ? Je reprends peu à peu mes esprits. Au trucage, à la manipulation, au mensonge, opposer la vérité. Et ses preuves. À la violence de l'attaque, répondre par la violence de la protestation. J'exhibe sous le nez des magistrats la copie de la lettre d'*exeat* que m'avait délivrée le bâtonnier de Tunis. Je venais de quitter le barreau tunisien, je m'étais inscrite à celui de Paris. Procédure aussi classique que régulière. J'y joins ma carte d'identité de citoyenne française. D'où venait le coup ? « Cette agression déshonore la justice que vous êtes censés rendre au nom du peuple français. Je suis française, avocate au barreau de Paris après l'avoir été à celui de Tunis et je prie le bâtonnier de déposer contre le Commissaire du gouvernement la plainte qui s'impose… Mes documents sont au dossier. » « Faudra vérifier s'ils ne sont pas des faux », grommelle l'accusateur. Brouhaha. L'audience est suspendue. On va chercher le bâtonnier. Comme toujours dans ces cas-là et dans l'Algérie française qui élit des bâtonniers de la même couleur (certains cependant — ils furent l'exception — interviendront en service minimal, sollicités par Paris), les bâtonniers sont absents. Ou ayant nettement partie liée avec l'accusation. On dépêche un membre du Conseil de l'Ordre. « Cette lettre est toute récente… » Réticent, il tourne et retourne l'*exeat* du barreau de Tunis dans tous les sens, en la tenant à peine. « Elle confirme mon droit de plaider, non ? » « Et avant ? » me demande le confrère-inquisiteur.

« Avant, j'étais avocate à Tunis. Cette lettre l'atteste. » « Je n'aime pas les histoires, vous savez », maugrée-t-il. « Ces avocats parisiens, quand même... » « Vous appelez ça des histoires ? Vous ne voyez pas que c'est une manœuvre pour m'empêcher de plaider ? Que c'est la présence de l'avocat qui est en cause ? »

Celui dont le devoir est de défendre le droit de défendre grimace, lève les yeux au plafond, pousse des petits soupirs contrits... « Téléphonez à l'Ordre de Paris. Il faut en finir et il me faut plaider. » J'entends régler l'incident sur l'heure et reprendre la parole pour défendre Badèche.

Regard glacé. Ces avocats parisiens, complices des terroristes, qui donnent des ordres à leurs aînés... Cette femme ne serait-elle pas mieux à sa place dans sa cuisine, ou avec ses enfants ?... De plus, elle a mauvaise réputation. Elle provoque scandales sur scandales sur les soi-disant tortures... Elle vient de Tunis, repaire des fellaghas...

À Paris, le Palais de Justice ne répond pas. Les bureaux de l'Ordre des avocats doivent être fermés. Il se fait tard. Le président du Tribunal militaire nous reçoit dans son cabinet. Mon défenseur déontologique veut arrondir les angles, sortir de ce pétrin où il se trouve bien malgré lui, mais qu'il soit pris note de son intervention. Et qu'il a gardé ses distances — on ne sait jamais, « il n'y a pas de fumée sans feu », m'a-t-il même glissé — d'avec l'usurpatrice.

« Ces documents devraient permettre à *madame* Halimi (je remarque qu'il me renvoie dans la vie civile — madame et non ma consœur) de plaider... jusqu'à plus ample informé... » Petite moue du président. « L'enquête que je vais ordonner ne peut aboutir dans la journée mais... » Demi-sourire soudain, illumination, bonheur de la formule : « Mais pour que les débats suivent leur cours, *madame* Halimi peut plaider. Elle ne le fera que *sous condition suspensive*, en attendant le résultat de nos investigations. » En somme, pour savoir si madame est maître ou simplement madame... La peur du ridicule — au regard de la loi, au regard de la simple intelligence — n'effleure aucun de mes interlocuteurs. Ils viennent d'inventer la-défense-sous-condition-supensive ! Une défense dont on conservera ou dont on effacera de l'audience la présence, les mots, la logique. Selon la force probante de ma carte d'identité de citoyenne française.

À la reprise des débats, nouvel incident. J'exige de déposer des conclusions pour garder trace de l'affaire, unique dans les annales judiciaires. Le président refuse, de fort méchante humeur. Tout cela sent le roussi et il s'en veut, finalement, d'avoir suivi le Commissaire du gouvernement, trop pressé d'envoyer les terroristes à l'échafaud. Il sait, lui, que l'on peut y arriver autrement et sans risques : il suffit de respecter quelques détails de mise en scène. « Vous m'avez accusée d'imposture, d'usurpation de titre, d'usurpation de nationalité, et vous voudriez enchaîner comme si de rien n'était... » Indignée mais aussi blessée, j'exhale ma révolte.

Le bâtonnier arrive enfin à la rescousse, tente de me dissuader. Je tiens bon. Le président, que cette trop longue audience perturbe, accepte de me « donner acte » du dépôt de mes conclusions. « Ça ne veut pas dire que le Tribunal doive se déterminer ou prendre parti... Le Tribunal n'a pas à statuer sur ces écritures... »

Je plaide avec une énergie décuplée. Je dénonce les faux procès-verbaux d'enquête, la torture qui annule les aveux extorqués et conclus à la cassation du jugement du Tribunal militaire : la condamnation à mort de Badèche Ben Hamdi doit être annulée.

Le soir, long appel de Clavel. Je raconte. « Mais ils sont devenus fous... Et faire ça au nom de la France, en uniforme... » Il bégaie d'émotion. « Je vais rendre tout ça public. Tenez bon. Je vous embrasse. »

Je raccroche. Je tourne en rond. Je range machinalement mes notes mais je sens venir le coup de déprime...

Pourriture de justice ! Inutilité de l'avocat ! Et pourtant, je le savais depuis le premier jour, l'Algérie serait indépendante.

Je faisais le plein d'idées noires. J'étais seule. J'aimais pourtant la solitude. Celle d'après les grands procès, les échanges bruyants, les moments de tension, les affrontements. Ce soir, je ressentais la solitude de la défaite, du rapport de forces impossible à inverser. Mon engagement d'avocate, mon identité de citoyenne française, tout cela m'avait été arraché, publiquement. Gommée, effacée, niée, je n'étais rien. Cette inexistence, que les juges militaires collaient à ma propre vie, m'entraînait dans une sorte de vertige. Celui du questionnement tautologique, de la guerre d'Algérie à mon choix de défendre.

« On n'y arrivera jamais », j'avais murmuré ces quelques mots en me jetant sur le lit non défait. Je regarde l'heure : 18 heures. C'est l'heure du bain des enfants. Je décide de les appeler. L'hôtel fait toujours la sourde oreille quand j'appelle Paris. En attendant que le système d'écoute se mette en place, sans doute. Ces avocats parisiens du FLN sèment le trouble et soutiennent les Arabes. Je rappelle sèchement : « C'est urgent, monsieur. »

Oui, urgent en effet. Urgent, alors que je me perdais de vue, de me raccrocher à cette partie de moi-même que nul tribunal, pour exceptionnel qu'il fût, d'hommes ou de dieux, ne pouvait me contester.

Zoricà, l'étudiante yougoslave qui garde les enfants, décroche, un peu inquiète en reconnaissant ma voix. Je veux juste entendre les enfants, rien de grave, « tout va bien ». Elle me passe Jean-Yves, mon aîné, cinq ans. Il semble heureux de la surprise. Je ne devais appeler que le lendemain, avant de prendre l'avion. Il a fait un joli dessin pour maman. Il sera fini, il manque du rose dans le ciel, mais je l'aurai dès mon arrivée. Jean-Yves a le sens des couleurs. Et possède déjà un vocabulaire dont je suis fière. « Tu sais Kamoun, il fait que m'embêter… Et il veut pas manger… — Donne le téléphone à ton frère justement. » Je l'entends hurler : « Kamoun, Kamoun, c'est maman. » Mon ange bouclé, à peine deux ans, adore jouer avec le téléphone en remplissant le récepteur de borborygmes et de mots inarticulés. Ce soir, il me semble entendre pourtant : « Ma-a-man… Ma-a-man. » Ou ai-je fini par entendre ce que j'attendais ? Il termine par une de ses spécialités : un « Pfft » très long, comme s'il soufflait très fort, suivi d'un rire sonore. J'ai l'impression d'être là, près de lui, de sa respiration, près d'eux et de voir sa petite lippe qui accompagne le « Pfft... » bien-aimé. À ce moment, je l'enchaîne entre mes bras et le couvre de baisers en imitant ses « Pfft... Pfft ».

Mais non. Je suis à Alger et un innocent va mourir. Ma présence n'a pas changé d'un iota l'engrenage de cet assassinat. J'aurais mieux fait de rester chez moi, auprès de mes gosses. Ce facho du Conseil de l'Ordre d'Alger avait raison. La certitude d'être là où il faut être, de leur apporter par la présence quelque chose de fort, d'essentiel même. Au lieu de cela « les abandonner pour défendre les Arabes », comme le leur répétait à chaque séjour à Nice, Fritna, ma mère. Étais-je tordue, mère indigne ou faite comme un homme pour qui l'action, l'intervention pour peser tant soit peu sur le cours des choses, est indispensable ? Prioritaire même ? Nécessité — certes, absolue — de gagner ma vie, notre vie à trois depuis que j'étais séparée du père, resté en Tunisie. Mais fallait-il pour cela prendre des risques, des avions, des coups ?

« *Ahoda !* » disait Édouard. « Encore ! » Oui encore et toujours. Ataviquement. Me voilà repartie, comme toutes les femmes qui se divisent entre travail et foyer, dans la culpabilité expliquée, remâchée, rejetée, revenue. Oui, revenue en force ce soir. Submergeante.

Je ne trouve pas ma place. Inutile pour la justice. Absente pour mes enfants. Seule, vaincue.

Je regarde l'heure de mon billet d'avion. Tôt le matin. Heureusement, plus que quelques heures cette nuit. Je commande un thé, verrouille bien la porte de ma chambre, pousse un fauteuil contre celle de communication avec la chambre voisine, et, dans l'obscurité complète, attends le sommeil.

6

Le règne des barbares

Le lendemain et le surlendemain, la presse métropolitaine dans sa majorité — pas un mot, je crois me souvenir, dans *La Dépêche d'Alger* — relate en brève, ou plus longuement, l'incroyable agression. *Libération* (toujours l'irremplaçable Madeleine Jacob) et *Combat* disent, haut et fort, leur indignation républicaine. Les titres tournent autour de « Au Tribunal de cassation, réquisitoire du Commissaire du gouvernement contre... l'avocate » (*Le Monde*), « SOS au bâtonnier et au garde des Sceaux » (*Libération*). Certains journaux, soucieux de minimiser, parlent de maladresse.

J'écris au bâtonnier. La chance veut que ce soit René-William Thorp, qui présidera aux colloques préparant les accords d'Évian et la paix en Algérie. Notre bâtonnier adresse, avec panache, une virulente protestation au garde des Sceaux. J'avais moi-même saisi le ministre par télégramme d'Alger. Il s'appelait François Mitterrand. Pas de réponse. Maître Thorp écrit également au ministre des Armées, Maurice Bourgès Maunoury. Le ministre est agacé par ce qu'il appelle un « bruit corporatiste » et par la plainte de la Ligue des Droits de l'homme, qui grossit le dossier. Pour lui, je faisais partie, avec quelques autres, de cette « trahison intérieure » des Français, de ceux « qui portent atteinte au moral de l'armée » en Algérie. Il se contente donc d'une réponse minimale, de justifications de détail.

Le pourvoi de Badèche Ben Hamdi est rejeté le soir même des débats, ce 25 avril 1957.

Le 15 juillet, Dechézelles et moi-même sommes convoqués à l'Élysée. Recours en grâce devant Coty. J'avais déjà « pratiqué » notre président, dans des audiences semblables. Les avocats algériens des condamnés à mort nous chargeaient souvent de soutenir leur recours. Leur voyage à Paris exigeait temps, moyens, mesures de sécurité dont ils ne disposaient guère.

Ce jour-là, je trouve Coty distrait, vieilli. Il plonge une main dans un tiroir pour en retirer discrètement des cachets.

« C'est une affaire grave », nous dit-il d'emblée, « … l'assassinat du président des maires, Amédée Froger… ». Dechézelles reprend avec émotion la démonstration. Badèche Ben Hamdi est innocent. Les imprécisions, les doutes, les contradictions de l'enquête tissent presque un ensemble de contre-preuves. Et que valent des aveux extorqués après onze jours de tortures ? Mais les jeux semblent faits. Pour le président, il faut punir, il faut faire un exemple.

Parce qu'il me semble qu'il n'y a plus rien à perdre, parce que, comme à mon adolescence, l'injustice m'est physiquement intolérable, je jette, comme un cri : « Il vous faut un coupable, voilà la vérité. Peu importe qui... » Dechézelles me regarde, un peu gêné. « Je vais examiner le dossier. » Dossier dans lequel figure déjà un avis défavorable à la demande de la grâce. Celui du garde des Sceaux, François Mitterrand...

Nous nous levons. Badèche Ben Hamdi, par nos voix, a protesté pour la dernière fois contre une tragique erreur judiciaire. Nous, nous savions déjà que la raison d'État frapperait.

*

Badèche Ben Hamdi fut guillotiné le 25 juillet 1957, dans la cour de la prison de Barberousse, à Alger. Dès l'aube, les youyous des femmes, le vacarme des détenus avaient annoncé, comme chaque fois que l'on dressait la guillotine, l'exécution. Badèche Ben Hamdi hurla qu'il était innocent puis se laissa emmener, tout en prières, jusqu'à cette lame sous laquelle il posa son cou. Ainsi le voulait la loi d'un des pays les plus civilisés au monde, le nôtre.

Badèche Ben Hamdi n'était pas le meurtrier de Froger. On l'avait assassiné, selon certains, pour radicaliser le cours — agité — des « événements » et provoquer une intervention énergique du pouvoir politique en faveur de l'Algérie française. Cette stratégie comptait bien aussi catalyser la révolte blanche, la cimenter, la jeter enfin dans la rébellion armée. Projet qui deviendra celui de l'OAS.

Il fallut de longues années pour que des témoignages et des archives de l'OAS, curieusement inexploités, fassent entrevoir la vérité. Je n'écris pas *éclater* la vérité. Non. *Entrevoir*. À peine, sans grandes conséquences. Ces nouveaux éléments connus à la sauvette ne donnèrent lieu à aucune information d'envergure. Ni révision *post mortem* du procès de Badèche Ben Hamdi. Ni ouverture d'une information. Aussaresses comme d'ailleurs Yves Courrière, bien avant lui, attribuent formellement dans leurs livres ce meurtre à Ali Amar, dit Ali la Pointe, chef d'un réseau terroriste à Alger.

Notre pays n'a pas encore fait son deuil de l'Algérie.

Tragédie refoulée dans les consciences, projetée hors de l'Histoire. En fait, un véritable déni. La peur de rouvrir des cicatrices, de confronter les « événements » (on a refusé pendant près de quarante ans le terme de « guerre »...) d'Algérie aux mythes de l'Histoire de France. La France, terre de l'universalisme, de la tolérance, des droits de l'homme qu'elle a essaimés dans le monde. Comment en effet y intégrer le système des tortures, des exactions, de la fameuse « pacification » ? Si près de notre victoire sur le nazisme et ses gestapos. Les identifications des jeunes générations risquent d'y perdre leurs repères. D'où le refus d'ordonner un désordre, celui d'un passé qui, lui, veut s'ordonner.

*

C'est au nom de cette exigence de mémoire et de vérité historique que « les Douze » lancèrent leur appel[1].

1. Voir le texte « Appel » en annexe p. 140.

La torture, « ce mal absolu », avait été systématiquement « pratiquée par une armée de la République couverte en haut lieu à Paris ». Au nom de la raison d'État qui se confondait avec celle de la colonisation et de la répression contre les mouvements d'indépendance algériens. Nous demandions qu'il soit mis fin au silence officiel qui ajoutait « au crime de l'époque une faute d'aujourd'hui ». Que la France — en les personnes du président de la République et du Premier ministre — condamne enfin et publiquement au nom de nos valeurs universelles ce système.

L'appel du 31 octobre 2000, à l'initiative de Charles Silvestre et du journal *L'Humanité*, connut un réel retentissement. *Le Monde* consacra de nombreux articles, témoignages, dossiers à ce thème. Des milliers de signatures, des interviews, des débats. Puis, devant le silence de nos autorités — le Premier ministre se limita à prôner un « nécessaire travail de vérité », le président de la République ne donna jamais suite à notre demande d'audience —, il perdit sa force dynamique. Mais il eut le mérite de creuser une grande brèche dans le silence ordonné. Brèche sans cesse agrandie, notamment par les aveux publics des tortionnaires, dont ceux des généraux Massu et Aussaresses.

7

« Tout condamné à mort aura la tête tranchée »

J'ai gardé le souvenir d'une autre exécution, une vingtaine d'années plus tard. Ce n'était pas « la mienne » (traduisez : je ne plaidais pas dans ce procès).

J'avais cependant été associée à ses préliminaires macabres.

Un soir d'été chatoyant comme seul Paris sait nous en offrir. Je dîne à la terrasse d'un grand restaurant qui domine de haut la Seine. Notre-Dame en surgit, « comme un aimant » diamanté par ses lumières. Canard au sang, service particulièrement soigné. « C'est la première fois que je viens ici. » Mon confrère Paul L. sourit. Il me semble, lui, le conteur magique, anormalement silencieux…

« J'étais à l'Élysée aujourd'hui. Pour le recours en grâce du petit Ranucci[1]. » Il baisse la voix. « Je l'ai soutenu devant le président de la République. »

1. Christian Ranucci, vingt ans, était accusé d'avoir le 3 juin 1974 enlevé et tué à coups de couteau et de pierre Marie Dolorès Rambla, une fillette de huit ans, habitant un faubourg de Marseille. Revenant sur ses premiers aveux, il a plaidé non coupable. Malgré de nombreuses ombres et contradictions

Je l'interroge. Je sais par (triste) expérience que les présidents de la République se veulent impénétrables. La subjectivité, l'émotion de l'avocat — les derniers mots pour sceller la vie ou la mort d'un homme — ne présagent en rien du résultat.

Mon confrère a bonne impression. « J'ai senti une écoute particulière. Mais je crains ses conseillers, ça me tracasse... »

Je ne veux pas susciter de faux espoirs. Mais cependant... « Vous vous souvenez de la déclaration du candidat Valéry Giscard d'Estaing ? » Il ne se prononcerait pas en fonction de considérations électoralistes, la peine de mort suscitait en lui « une aversion profonde », il insistait sur « l'horreur de la chose ». « Je crois qu'il a parlé, il y a deux ou trois mois, d'un débat national... » « Ça tarde en tout cas », soupire Paul L. Il me rapporte par bribes quelques propos de l'audience présidentielle, il semble reprendre confiance. « Giscard, c'est une belle intelligence. Et puis, c'est un président qui a choisi la modernité. »

J'essaie d'être concrète. « Vous savez, même s'il tarde à faire abolir la peine de mort, il peut botter en touche, en graciant systématiquement par exemple... »

La vie d'un homme, dans ce cas, n'est qu'une abstraction dans la vie politique. L'opinion publique, le parti au pouvoir, toujours eux. Je crois cependant, avec une naïveté de profane, que Valéry Giscard d'Estaing aurait intérêt à façonner son image

---

dans les débats, Ranucci fut condamné à mort le 10 mars 1976.

« à l'européenne », celle d'un homme opposé à la barbarie de la peine de mort. En pragmatique, en refusant de mettre sur les rails la guillotine. En la laissant se rouiller avant de l'envoyer à la casse. En attendant le vrai débat, au Parlement et dans le pays.

« On rapporte tellement de bruits, vous savez… » Mais pour son avocat, le « petit » Ranucci doit échapper à la peine de mort. « Il y a tant d'ombres, tant de contradictions. » Et, pensif, « une seule devrait suffire à ne pas faire mourir… ». Le champagne aidant, il se dénoue un peu. Il répète que sa fille, bien introduite à l'Élysée ou à Matignon, avait eu vent de quelques phrases du président sur l'affaire Ranucci, « très réconfortantes », précise-t-il, « souhaitant une sorte de moratoire pour toute exécution… ». Le sourire revient et, avec lui, la talentueuse faconde du défenseur de Ranucci. Il est ainsi des jours, des soirs, où l'espérance gagne contre la raison.

Dernier verre. Taxi. Paul L. me raccompagne. Je le remercie pour la soirée.

Rentrée chez moi, je procède au rituel du soir. Toilette, coup d'œil dans la chambre d'Emmanuel (il dort toujours, en boule, comme un chat) et lecture (quelle que soit l'heure, impossible de trouver le sommeil sans quelques pages de lecture…). Claude lisait également. « L. attend la grâce du jeune Ranucci, qu'il a défendu… Il a été reçu à l'Élysée aujourd'hui. »

Je lui raconte le dîner, le canard au sang et le champagne. Claude grogne que Valéry Giscard d'Estaing, c'est la droite, l'opportunisme, la répression… « Mais il a dit publiquement qu'il était opposé à la peine de mort… — Oui, tu verras, l'opinion publique, les sondages… Tuer ou gracier un homme, c'est rien ! » Il martèle de son livre le montant du lit, décidément irrité. « Tu crois toujours que c'est la justice qui décide. Mais non, ils “sortent” la raison d'État. »

Je trouve ses analyses partisanes et me dis optimiste, malgré tout. « Ça lui donnerait une sacrée stature d'humaniste, ce président… — Humaniste, tu parles… Ce qui compte, c'est ce qui fait élire, ou réélire un président, c'est tout… Allez, extinction des feux, ordonne-t-il. Demain, on se lève tôt. »

Quelques jours plus tard, il devait être minuit passé, sonnerie du téléphone. Insistante pour qui s'apprête enfin à dormir. « Bonsoir, ça va ? » Je reconnais la voix. Paul L. « Oui, ça va. » Un peu surprise par cet appel tardif, je complète, n'ayant pas grand-chose à dire. « Oui, ça va très bien. C'était mon anniversaire aujourd'hui… — 27 juillet ? Vous êtes lionne, alors… » Je raconte que nous avons fait — enfants, amis, cabinet — une fête non-stop. « Alors, c'était votre anniversaire, aujourd'hui… », répète-t-il, comme hésitant à poursuivre. Un bavardage incongru, inexplicable, à cette heure-ci. Je le remercie encore pour notre dernier dîner. « Alors, c'était une belle fête ? » dit-il. Je ne sais plus de quoi il parle, du dîner ou de mon anniversaire. Puis il tourne quelques phrases un peu décousues. Il semble essoufflé, entre chacune d'entre elles, il se tait et reprend… La Seine, la jeunesse, le métier d'avocat… Claude me met alors sous le nez son bracelet-montre, le tapote énergiquement pour que j'y lise l'heure tardive. Ses grimaces me mettent au bord du fou rire.

Vite réprimé. Il faut abréger. Je choisis alors les mots de l'au revoir, quand revenez-vous à Paris, nous nous verrons sûrement puisque je serai à Marseille pour plaider le… Et brusquement, comme dans un sanglot étouffé, j'entends : « Ça y est, ils vont me le tuer, cet enfant… C'est un enfant, encore… » L. vient de recevoir l'annonce officielle. Tenez-vous prêt. Rendez-vous à quatre heures moins le quart aux Baumettes. La grâce rejetée, la mort décidée, la mort annoncée. « Tout condamné à mort aura la tête tranchée[1]… »

L'exécution de Ranucci aura lieu à l'aube, dans la prison des Baumettes. Les avocats ont été prévenus quelques heures auparavant. « On va venir me chercher… Ne raccrochez pas… Je vous en prie, ne raccrochez pas, en attendant. » L. insiste : « Parlez-moi, en attendant, parlez-moi… Qu'est-ce que l'on peut dire à un homme — il corrige "non, à un enfant, c'est un enfant" — que l'on va massacrer, on va le massacrer, ce gosse, dans les minutes qui suivent… » Muette, sous le choc, je me redresse, serrant plus fort le téléphone. Puis, à mon tour, je me mets à parler. Ce que je dis ? Des phrases qui n'aident pas, plates, négatives, « on est au-delà des mots, on est déjà au-delà de la vie… ». Ma voix a changé. C'est sans doute ce qui fait craindre à L. que je raccroche, lasse, convaincue de l'inutilité de l'échange. « Ça ne va pas tarder… On va venir me chercher… »

À Claude, complètement réveillé à mes côtés, j'avais, la main sur le récepteur, soufflé : « Ranucci va

1. Art. 713 du Code de procédure pénale. Abrogé par la loi n° 81908 du 9 octobre 1981.

être guillotiné à l'aube… » Il avait haussé les épaules. « Ce sont des salauds, des salauds qui décident une boucherie », et n'avait plus dit un mot. Il se contentait de me regarder parler plutôt que de m'entendre. À quoi servent les mots, ici et maintenant ? Attentif aux signes sur mon visage, remontant le drap par-ci, me prenant la main par-là.

Paul L. veut entendre par miracle les mots que l'on dit à ceux qui tendent leur cou à la guillotine. Hélas ! Je ne les connaissais pas, ces mots qui exorcisent l'horreur. Je ne les connais toujours pas. Alors je parle, je parle, de la justice, de l'avocat, de la mort, de Victor Hugo, de la France qui se trahit… Je parle, je parle, sans même reprendre mon souffle. À l'autre bout du fil, des monosyllabes, quelques digressions inattendues, un bout de poème, des silences comme des soupirs… Une heure ou presque, de phrases qui finissent par soûler. Ceux qui les disent comme ceux qui les écoutent…

Je suggère : « Parlez-lui, parlez-lui beaucoup, abondamment… étouffez-le, anesthésiez-le de paroles… » Une voix proche, enveloppante, au débit ininterrompu, ça peut aider à mourir, à marcher vers l'échafaud peut-être. « Prenez-lui la main, c'est important… » Je me sens un peu ridicule. J'ai honte. Les mots. Quoi de plus dérisoire, dites-moi, que des mots, quels qu'ils soient, pour un homme de vingt-deux ans qui va à la rencontre de sa mort organisée par une société barbare ? « Embrassez-le, il faut l'embrasser… »

« On sonne », dit soudain L. qui ne parlait plus depuis une minute ou deux. « C'est mon collaborateur. Il faut y aller », et soudain très calme : « Merci de m'avoir tenu la main. J'y vais... » Il raccroche avant que j'aie eu le temps de lui dire que je serai à ses côtés, aux côtés de Ranucci, par la pensée et que révoltée...

« Ça suffit pour cette nuit. » Claude joue l'autoritaire dès qu'il me sent un peu flancher. « Il faut se reposer un peu. » Il me prend dans ses bras, comme il aurait pris notre fils Emmanuel. Il éteint. Baiser hâtif. « Il faut te reposer. Essayer en tout cas », répète-t-il.

*

« Christian Ranucci, vingt-deux ans, a été guillotiné le 28 juillet 1976, à 4 h 13, dans la Cour de la prison marseillaise des Baumettes. »

« Était-il coupable ou innocent[1] ? »

*

Les quelques échos de l'exécution rapportèrent l'attitude exemplaire de Paul L. Devant un adolescent en proie à une panique animale et qu'il fallut maîtriser, il trouva les gestes de l'ultime compassion.

Il s'approcha de lui : « Nous sommes là, mon petit... », et avec douceur, avec entêtement, dans un état second, il submergea « son petit » de mots, de phrases, se tenant à ses côtés, en tête du cortège vers l'échafaud.

1. Libellé de la quatrième de couverture de l'excellent livre de Gilles Perrault, *Le Pull-Over rouge*, Ramsay, 1978.

Le supplicié, hagard, silencieux, soudain docile se laissait envahir par la voix de son avocat. Et marchait, marchait... Jusqu'à ce qu'il fût coupé en deux.

8

Mourir de défendre

J'ai longtemps, jeune avocate, construit certaines de mes certitudes sur une double naïveté, solide comme ma volonté de défendre. La connaissance du droit et la force des principes (« Principes… oui, mettez “principes” », disait Napoléon à Cambacérès lors de la rédaction du Code civil. « Ça fait bien et ça n'engage à rien… »).

L'intangibilité des droits de la personne et ceux de la défense constituaient pour moi le « matériel » de base des pratiques judiciaires. De base et, ai-je longtemps pensé, les armes absolues contre tout détournement de justice.

Le vote par le Parlement des pouvoirs spéciaux en Algérie en juin 1956 organisa la démission de l'autorité civile en faveur des militaires. Ces lois me semblèrent, à leur annonce, davantage que de simples compromis politiciens avec les tenants de l'Algérie française. J'avais lu et relu ces textes. Suspension des libertés individuelles, possibilité pour le ministre-résident de confier à l'armée la mission du rétablissement de l'ordre. Garder l'Algérie à tout prix, au risque de perdre la République.

Robert Lacoste, ministre-résident, socialiste, se démit, sans état d'âme, de tous ses pouvoirs en faveur de l'armée. Sans état d'âme ? Pire encore. J'ai été reçue par lui à deux reprises dans son bureau du gouvernement général, à Alger. Une pièce immense, dominant la baie. Ce jour-là, je venais protester — dossier en main — contre les tortures subies par des militants du FLN que je défendais.

Il m'écouta en silence quelques secondes puis, brusquement, se leva de derrière son bureau et s'approcha de moi. « Ce sont des serpents, asséna-t-il, tout rouge, des serpents, tous ces terroristes, je les écraserai comme des serpents... comme ça, avec mon talon... » Il faisait le geste avec sa chaussure. « Oui vous verrez, j'écraserai cette poignée de rebelles. Et j'ai donné à l'armée carte blanche pour cela... »

Le mouvement insurrectionnel algérien, une poignée de « serpents » ? Je tentais d'expliquer. Et dans tous les cas, nous étions un certain nombre à ne pas admettre l'usage de la torture et... Il s'était rapproché de moi. Je ne finis pas ma phrase... Sa chemise aux manches retroussées, dégoulinante de sueur, collait à son ventre rebondi. « C'est vous les coupables, c'est vous... les avocats, les intellectuels parisiens qui en avez fait un "mouvement". Vous êtes des tordus, oui, des tordus ! » écumait-il, littéralement hors de lui. J'ai dû reculer, des postillons de salive me volaient au visage. « Le FLN, qu'est-ce que c'est ? Rien ! Rien du tout... C'est vous, les intellectuels, qui l'avez fabriqué... Ah, si vous ne faisiez pas ce bordel à Paris... » Le visage congestionné. « Oui, *France-Observateur*, et les autres, les Bourdet, Martinet...

Sans eux, y a longtemps qu'on en aurait fini avec ces brigands ! » Je repris ma serviette d'où je n'avais pas eu le temps de sortir les dossiers et quittai précipitamment
les lieux. Cet homme avait été — disait-on —, dans sa jeunesse, un ardent syndicaliste.

Certains des commandants des parachutistes envoyés en Algérie, rescapés des camps de concentration nazis, avaient évoqué l'horreur de cette « parenthèse ». Ils rappelaient volontiers les tortures subies ou celles dont ils avaient été les témoins.

Cette extravagance législative — le vote des pouvoirs spéciaux — ne correspondait ni à notre Histoire ni au respect traditionnel de notre pays pour les libertés. Elle fut suivie, le 8 janvier 1957, d'un arrêté dessaisissant le préfet de tous ses pouvoirs et donnant au général Massu celui du maintien de l'ordre.

Dans l'immédiat, je m'entêtais à lancer devant les tribunaux militaires de grandes phrases avec une solennité un peu ridicule, compte tenu du contexte : « Messieurs, vous jugez au nom du peuple français... Le peuple français a garanti à chaque individu des droits devant la justice... La Révolution... La mission de la France... » Je déchantai très vite. Tous les jours, des Algériens étaient raflés, emmenés, torturés, exécutés par les parachutistes. La bataille d'Alger, en 1957, représenta le paroxysme de ce terrorisme hors la loi (républicaine), mais commis au nom de la loi (d'exception).

« Un pays de tradition libérale peut-il voir en quelques années ses institutions, son armée, sa justice, sa presse, corrodées par la pratique de la torture, par le silence et le mensonge observés autour de questions vitales qui mettent en cause la conception même que l'Occident affirme se faire de l'homme ? » Par cette question tragique, Pierre Vidal-Naquet dénonçait le « crime d'État », la torture[1].

*

Mars 1957. La bataille d'Alger bat son plein. Arrestations, tortures, disparitions. Un chef de maquis est capturé par les forces de l'ordre. Une aubaine pour l'armée. Il me demanda de le défendre. Il avait été au secret pendant près de trois semaines et torturé. Capture d'envergure qui devait permettre — espéraient les bourreaux — de connaître les plans, les mouvements des guérilleros algériens. L'homme avait résisté. Les militaires s'étaient acharnés. Déshumanisés eux-mêmes par ce pari qu'ils ne voulaient pas perdre : faire parler, extorquer des aveux.

Enfin, le rebelle est présenté au juge d'instruction. Enfin sorti des geôles de la barbarie et du non-droit absolu. Dans un triste état, mais en vie. Mis sous mandat de dépôt et incarcéré à la prison de Barberousse, à Alger. Un numéro d'écrou, une cellule, une avocate, le maquisard entre enfin dans la légalité — même d'exception — des codes. Le cauchemar où les nuits et les jours s'enchaînaient dans les séances de torture est bien terminé. Il va s'expliquer, se défendre. S'il est condamné, il le sera pour sa patrie qu'il voulait voir naître au monde.

1. Pierre Vidal-Naquet, *La Torture dans la République*, 1954-1962, Paris, Éditions de Minuit, 1998.

Je lui avais rendu visite une fois, assez rapidement, pour les premiers renseignements. Et pour noter, dans l'horreur, les traces des sévices subis, encore vivaces sur son corps.

Visage tuméfié, bras hors d'usage, démarche difficile. Mohamed Ben A. arrive dans la petite pièce réservée aux avocats, souriant. « Maître, je suis abîmé » (« Je n'aime pas qu'on m'abîme un homme. » Saint-Exupéry). « Mais ça va... » Il ajouta, en arabe, « *adbouni, tāref...* » (littéralement « ils m'ont fatigué, tu sais »). Ici, la « fatigue » a le sens de l'extrême souffrance. « Enfin, vous êtes là, et eux, c'est fini... »

Évidence que la réalité démentira dès le lendemain même.

Comme promis, je reviens à Barberousse avec une liste de questions, un plan de la région où il avait été pris, divers procès-verbaux du dossier du Tribunal recopiés à la main. Longue séance de travail prévue pour préparer l'audience de jugement.

Je surprends le regard surpris du gardien-chef. Il tourne et retourne mon permis de communiquer, pourtant bardé de tampons et de signatures. Perplexe. « Mais vous... vous venez le voir ? » Drôle de question. « Attendez, je vais me renseigner... je ne sais pas où il se trouve. »

Que se passe-t-il donc ? Le gardien-chef aurait-il perdu son prisonnier ? Se serait-il évadé ? Attente. Je ne perds pas mon temps, je coche quelques questions et en renvoie d'autres au dossier. Je regarde ma montre. Une demi-heure depuis mon installation sur la petite table de bois du parloir. J'ouvre la porte. J'entrevois un gardien qui s'esquive. Je retourne à mon dossier. Enfin un autre gardien qui, lui, vient vers moi. « Maître, votre client est aux douches, vous ne pouvez pas le voir aujourd'hui », m'annonce-t-il, légèrement congestionné. « Qu'est-ce que c'est que cette histoire ? Qu'il se dépêche, dites-lui que je l'attends ! » Le gardien explique que ce sera long, il vient de commencer, il vaut mieux revenir. Je confirme : « Annoncez-lui son avocate, j'attends. » Nouvelle attente, nouveau désert autour du parloir. Il se fait tard. Je ressors du parloir et sonne à la grille. Personne. Je frappe de toutes mes forces sur la porte cadenassée. Quelqu'un vient enfin, dans un grand tintamarre de clefs, maugréant que ce n'est pas lui qui s'occupe de tout ça, qu'il ne sait pas, qu'il va voir où se trouve le gardien dépêché aux douches... Retour du gardien. « Voilà, maître, c'est embêtant mais... » Hésitation maladroitement théâtrale. « Oui, c'est très embêtant mais je n'y peux rien... » Un temps, puis il lâche : « Votre client ne veut pas vous voir ! » Et, levant les bras comme dépassé par l'événement : « C'est comme ça ! » Je crois que j'ai perdu un peu mon calme : « Vous vous moquez de moi ? Où est-il ? Qu'il vienne me dire lui-même qu'il ne veut pas me parler... » Le ton monte, le gardien trouve que les avocats parisiens sont des emmerdeurs, l'avocate le menace d'une plainte... Finalement, on me conduit, comme je l'exigeai, dans le bureau du directeur. Courtoisie mielleuse et de mauvais aloi : « Asseyez-vous, chère maître ! Je ne demande qu'à vous aider... oui, le problème... » J'éclate. « Où est-il ? Où est mon client ? Vous seul êtes responsable de lui... Vous le savez. » Le directeur laisse échapper un « en temps ordinaire peut-être... ». Alors ? Debout et le Code en main, je le menace de poursuites. « Vous êtes le seul responsable de lui ici… Où est-il ? — Votre client est parti, voilà, maître. » Parti ? En courses ou en balade peut-être ? J'exige une réponse précise. Celle que j'appréhendais depuis une heure. Les paras sont venus le chercher. Ils l'ont ramené pour un nouvel interrogatoire, l'un d'entre eux tenait un sac-cagoule pour lui mettre sur la tête. Le chemin des tortures, repris, devait rester secret.

La rage, je crois, m'entraîne alors à une folle démarche. Je décide d'aller voir le général Massu. Ou l'un de ses officiers, au quartier général. Et de demander des comptes. Je ne raisonne plus, je veux retrouver Mohamed Ben A. et l'arracher à ses bourreaux. Je ne risque rien, finalement, sinon d'essuyer un refus. Dans ce cas, j'aviserai. Le QG du général Massu est situé sur une des petites collines entourant Alger. Je le repère facilement. Une villa gardée par des paras. Après les contrôles d'usage, un lieutenant me conduit au premier étage.

Massu me reçoit. Sans plus de difficultés. La curiosité sans doute. Et son prosélytisme caricatural. La pièce qui lui sert de bureau est minuscule. Une fois le visiteur assis en face de lui, la porte se ferme de justesse derrière lui. Quant au général, son fauteuil rase le mur, son bureau s'encastre comme il peut dans l'espace restant. J'ai déjà l'impression d'étouffer, de subir l'enfermement.

Massu ressemble à ses photos dans *La Dépêche d'Alger*. Le héros de la bataille contre les terroristes, l'homme aux pleins pouvoirs, petite moustache et visage osseux, à angles. Quand il se lève pour m'accueillir, je trouve le géant de taille moyenne, un peu voûté, d'apparence banale. J'ai devant moi le responsable d'un retour à la barbarie en Algérie. Comme en continuant de penser à voix haute, je déverse ce trop-plein accumulé en moi. Je suis venue savoir de quel droit il a fait enlever Mohamed Ben A. de sa cellule, où il était régulièrement incarcéré. J'ai du mal à me contenir et je lâche les mots d'« arbitraire », d'« illégal », et même d'« inhumain » pour qualifier son procédé. Il écoute avec attention, clignant de temps à autre un œil. Il semble même acquiescer par moments, en inclinant le front.

« Général, vous n'avez pas le droit d'interroger un inculpé écroué à la maison d'arrêt, assisté d'un avocat… » Il feint de s'étonner, il ne le savait pas vraiment. « Oui, il est aux mains de la justice et non de vos paras. » Je lui dis mon intention de déposer une plainte en enlèvement et séquestration dès aujourd'hui. Il sourit, entre deux tics, comme à des enfantillages.

« Vous voulez quoi ? » Il joue avec un stylo sans me regarder. « Qu'il réintègre immédiatement la prison de Barberousse… — Je vais voir… », dit-il, vague, comme s'il avait l'esprit ailleurs. Un silence. « Je sais que vous condamnez l'usage de la torture », il a parlé presque avec douceur… « Je sais, je sais… », répète-t-il devant mes signes qui se voulaient confirmation absolue. « Mais vous, vous trouvez acceptable que des enfants soient déchiquetés dans des autobus par les bombes du FLN ? » Son ton a brusquement changé, il parle fort. « Vous, une mère de famille, vous, vous acceptez ça ? » Il appuie sur le « vous », chaque fois. Il penche son buste vers moi, en travers du bureau, il veut un dialogue sur le bon usage de la torture.

Je comprends enfin pourquoi, sans rendez-vous ni recommandation, le général reçoit ainsi l'avocate de ses victimes. Sur les grandes lignes de ses théories sur la torture, il a envie de communiquer. Peut-être même de les tester sur quelqu'un qui les a toujours dénoncées. « Ces attentats aveugles, on doit les faire cesser. » Il baisse la voix, murmure presque : « L'important, dans cette lutte, vous devez le comprendre, c'est le renseignement... »

Donc, démontre-t-il, torture nécessaire pour avoir le renseignement qui désamorce les bombes, les couffins piégés et épargne ainsi la vie d'innocents.

Le général s'est levé. Je me lève aussitôt croyant qu'il met fin à l'entretien. « Attendez, me dit-il, asseyez-vous... » Il se rassoit, l'exiguïté du bureau ne lui permettant pas d'aller et venir.

« D'ailleurs, vous parlez de souffrances, d'atrocités ! » Il tape du plat de la main sur le bureau. « Foutaises, tout ça ! » La torture, il l'a essayée sur lui-même. Douleur surmontable, il ne faut rien exagérer. Il retourne un peu l'une de ses manches et montre son bras. « Oui, je l'ai essayée, la torture comme vous dites... par électrodes... et ce n'est rien du tout... » Vrai. Je constate. Pas la moindre trace de brûlure ou rougeur sur ces muscles hâlés.

Mais si la torture est — comme il l'affirme — supportable, pourquoi la pratiquer pour faire parler ? Les suspects supporteront, ils ne parleront pas. Syllogisme du fou. « Ils ont peur, voilà, ils sont lâches, ils font dans leur froc... » Massu s'est emporté, il en oublie les convenances. Je ne veux pas mener ce débat avec lui. Pour l'interrompre, je me cantonne à l'objection éthique. La torture déshumanise victime et bourreau.

Il écoute à peine. « C'est psychologique... c'est tout... ça leur fait peur, ça les fait parler... et ils en parlent autour d'eux... » Il veut convaincre, il se veut plus calme. « Croyez-moi, c'est efficace, la torture ! » Il a bafouillé un peu en disant « la torture ».

Je répète seulement que la torture doit être condamnée. Dans l'absolu. Un monde disparate m'effleure l'esprit. Le Christ et les Épîtres, les philosophes des Lumières, Rousseau et Voltaire, la Révolution française (mais n'a-t-elle pas maintenu l'esclavage ?). Et puis le respect de l'autre, surtout.

« Les autorités morales et religieuses de notre pays condamnent ces méthodes. » Décidément, je veux quand même en découdre, au moins en mots. Je me réfugie dans le refus collectif, hypothétique aussi. « Depuis la Gestapo, général, il n'y a pas si longtemps... »

« Vous vous trompez, vous vous trompez ! » Il s'affaire, se lève pour mieux chercher sur son bureau un document. « Regardez ! » Il avait en main cette feuille dactylographiée quand je suis entrée. « Regardez ! » Il me la tend, avec une excitation certaine.

Je lis. J'en retiens sur le moment qu'il faut choisir un « interrogatoire efficace, sans sadisme » sur un « bandit [...] qui du reste mérite la mort » plutôt que de « laisser massacrer des innocents que l'on pourrait sauver grâce aux révélations de ce criminel ».

Signé : le Révérend Père Delarue, aumônier parachutiste de son état[1].

« C'est encore secret... », précise curieusement Massu.

Je suis accablée. « Et l'Évangile dans tout ça ? » dis-je en me levant.

Encore quelques mots pour obtenir de lui de nouvelles assurances sur le sort de Mohamed Ben A. Au revoir, maître, au revoir, général, et je fonce, cafardeuse au possible mais déterminée, au Tribunal. Je vois le juge d'instruction chargé du dossier. Il sait tout, une erreur regrettable, le QG avait téléphoné, l'inculpé a regagné sa cellule à Barberousse. « Nous vivons de drôles de temps », murmure-t-il. Trop tard pour retourner à la prison. Visites d'avocats terminées. Le lendemain, à la première heure, je me présente au guichet d'entrée. Dix minutes plus tard, Mohamed Ben A. me raconte sa mésaventure. Et me dit sa peur de ne jamais revoir le jour.

*

Au fil des années, l'engrenage rébellion-répression, la fameuse « spirale », fit des « événements » d'Algérie une guerre révolutionnaire. Tout un peuple s'y trouva engagé. Les arrestations arbitraires, les disparitions se multiplièrent. Presque chaque foyer algérien fut placé en première ligne pendant la bataille d'Alger, qu'il l'ait voulu ou non. D'autres que moi ont témoigné avec rigueur et courage de cette période où les

1. Cf. sur cette circulaire Pierre Vidal-Naquet, *La Torture dans la République*, *op. cit.*

valeurs républicaines semblaient brusquement ne plus être[1]. Ne plus avoir été. Ne devoir jamais renaître.

*

La défense algérienne avait été décimée. Arrestations, internements dans des camps, disparitions, meurtres... L'un de nos confrères, maître Boumendjel, fut arrêté, torturé pendant plusieurs jours. Il devait enfin être présenté à un juge. Ses geôliers eurent alors peur de le « montrer », peur de son témoignage de supplicié. Ils décidèrent de le liquider. En maquillant son exécution en suicide. Une véritable mise en scène. « Il s'est jeté par la fenêtre », affirmèrent ses bourreaux. Aussaresses est, depuis, passé aux aveux[2]. Il a expliqué comment, sur son ordre, Boumendjel fut assommé et précipité du sixième étage. Il est l'auteur du rapport officiel concluant au suicide de l'avocat.

D'autres furent abattus. Ou disparurent sur le chemin du Tribunal sans laisser la moindre trace.

Deux de mes amis, avocats, Français d'Algérie, qui dénonçaient le système des tortures et appelaient à une paix négociée, furent abattus dans le même cabinet où ils se succédèrent. Pierre Popie, chrétien progressiste, le 25 janvier 1961. Pierre Garrigues, à qui j'avais demandé d'être mon correspondant à

---

1. Notamment Henri Alleg dans *La Question*, Pierre Vidal-Naquet, *op. cit.* et dans *L'Affaire Audin*, *La Raison d'État*, Éditions de Minuit, Laurent Schwartz, le général de Bollardière...

2. Cf. *op. cit.*

Alger pour la défense de la jeune Djamila Boupacha[1], s'installa dans le fauteuil même où Popie avait été tué. Lardé de coups de poignard. « Il faut que force reste à la défense », répétait-il avec une sérénité indestructible. Le 1er mars 1962, un commando l'assassinait à son tour. Mêmes lieux, même symbole hautement significatif.

Pour ces nervis dressés contre la République, la défense devait disparaître. C'est le moment où, déjà structurée, frappait l'Organisation de l'Armée Secrète (OAS). Dans la violence, le racket, les exécutions, les ratonnades.

Garrigues, comme Popie avant lui, avait reçu cette fameuse condamnation à mort. Je la reçus aussi. Un curieux papier à l'allure officielle. En-tête de l'OAS. Un « tribunal » avait scellé mon sort. Condamnée à mort. Ordre était donné à chaque tueur de l'organisation de m'abattre « immédiatement » et « en tous lieux ». C'était ma troisième condamnation. Sans compter les envois de cercueils, les lettres d'obscénités et de menaces, les appels téléphoniques de jour et de nuit. Le tout, bien sûr, anonyme.

Deux d'entre nous avaient été assassinés. Je survivais, seule de ce trio. Comment ? Mal, de plus en plus mal depuis qu'une lettre — toujours anonyme — avait menacé la vie de mes jeunes fils.

Contre cet acharnement, la défense pour ne pas disparaître se devait d'acquérir une sorte d'entêtement particulier. Un attachement quasi forcené à elle-même, une manière de s'y cramponner à tout prix, la résistance contre le mal absolu en somme.

1. Cf. *Djamila Boupacha*, *op. cit.*

Du courage ? Je ne sais pas. Je m'opposais de toutes mes forces à ces tentatives d'intimidation mais, à vrai dire, j'en ignorais la force et la réalité profondes. Mon audace, faite souvent d'une réaction exaspérée (ne pas laisser la place à ces assassins), n'avait pas disparu après la mort de mes deux amis. Au contraire.

Je passais souvent à l'offensive dans mes plaidoiries. Je plaidais mais je voulais aussi témoigner. La mort ? Je n'y croyais pas beaucoup. Pour des raisons obscures, je me croyais protégée. La bénédiction de mes aïeux, toujours elle. Ma « baraka » en somme.

« Monsieur le président, messieurs du Tribunal, l'Algérie, comme l'Indochine, sera indépendante. » Même brouhaha que quelques années auparavant, dans les mêmes prétoires, où je voulais démontrer qu'il fallait construire *dès aujourd'hui* l'avenir entre la France et l'Algérie. Mon leitmotiv suscitait la même indignation. Je faisais injure au drapeau français, j'outrepassais les droits de la défense, l'audience était suspendue dans un bruit sec de képis. Je défendais des militants dont les lois françaises d'exception avaient fait des malfaiteurs. « Ces hommes et ces femmes ont mis leur vie au service d'une cause, celle de l'indépendance de leur pays... »

Aux juges qui me faisaient face, ces mots semblaient dépourvus de sens.

9

« … Pour que leur machine se mette à grincer… »

Je ne crois pas que mon rapport à la justice, à l'injustice soit né des circonstances très particulières des guerres d'indépendance ou des turbulences de l'Histoire. Ni même des règles traditionnelles de la défense. Sans très bien l'élucider à mes débuts, je me sentais liée comme personne, avec la force de ma subjectivité et de mon vécu, à mon métier. Je voulais peser de tout mon poids — dérisoire — sur sa balance déréglée. Inverser nécessairement un rapport de forces qui accablait les humiliés et les offensés, les colonisés, les femmes enfin. Je ne les parais pas de toutes les vertus, je suis toujours restée lucide. Ils/elles me semblaient dans tous les cas les seuls à justifier mon choix. Et à l'alimenter. Sans illusion cependant sur mon importance ou celle de mes interventions. Je me savais une avocate seule, sans le moindre soutien. Ni d'un parti politique, ni de l'Ordre des avocats, ni d'un ordre maçonnique ou autre. Une femme, de surcroît, qui, dans les années 50, débarquait dans une profession d'hommes. Bardée de sa vie de femme.

En fait, la justice était ma manière d'exister, à moi... Mon oxygène nécessaire.

Je me souviens d'un procès en expulsion où je défendais, à Tunis, une famille musulmane nombreuse (sept ou huit enfants) sans le sou (j'avais été commise d'office, je débutais à peine), menacée d'être mise à la rue par un propriétaire rapace et malhonnête. Il prétendait ne pas avoir été réglé des loyers dus. En réalité, ils avaient été payés en espèces — avec difficulté —, mais sans qu'aucun reçu ou contrat d'aucune sorte n'ait été établi. Les locataires deviennent alors, aux yeux de la loi, « occupants sans droit ni titre ». Ni le témoignage — au-delà d'une certaine somme symbolique — ni aucun autre mode de preuve ne peuvent être accueillis. Victimes de leur ignorance, ces malheureux allaient être jetés à la rue. *Dura lex, sed lex*... Le président signifiait que la cause était entendue, il allait prononcer l'expulsion.

« Monsieur le président, l'injustice m'est physiquement intolérable ! » Je me suis avancée d'un bond vers son bureau, j'ai presque crié, je ne m'en suis pas rendu compte, les confrères autour de moi se sont regardés, puis le silence s'est installé quelques secondes.

Le président me détailla avec attention (jusque-là il avait englobé la stagiaire dans le coup d'œil circulaire jeté à son arrivée sur la salle d'audience). « Oui — je repris un ton plus bas —, ils ont payé, ils n'ont plus le sou, ils vont se retrouver à la rue, huit enfants... » Je ne finissais pas mes phrases, piètre avocate. Émotive, au lieu de discursive. « Maître, vous connaissez la loi. Pas d'écrit. — C'est injuste, la loi est injuste, monsieur le président. » Je reprenais des forces, je persistai, mais dans les formes. Sourire réprimé du président. « Expertise », décida-t-il, « nous jugerons sur rapport. Mission ordinaire… » Je n'écoutai plus. Je ne l'avais pas emporté, certes, mais j'avais obtenu une sorte de sursis à cette exécution sans pitié.

Pas d'expulsion mais une mesure d'information. Quelques mois gagnés. Le rapport a conclu, bien sûr, à l'absence de tout droit des « occupants ». Finalement, expulsion ordonnée — il ne pouvait en être autrement, aux termes de la loi —, mais des délais furent accordés. Une succession de délais pour raisons « humanitaires ». Et entre-temps « ma » famille fut relogée.

*

Mais la révolte, je le compris très vite, permet rarement à un avocat de se faire entendre.

Je m'attelais donc à un travail intense.

J'étudiais, faisais des résumés de mes questions de droit, analysais les arrêts de la Cour de cassation. Puis, avant la synthèse, je prenais le temps d'une longue marche, au hasard des rues ou, plus tard, au Champ-de-Mars. Quel que soit l'environnement, il se faisait silence. Seule bruissait en moi la recherche tendue de l'explication finale. Selon les cas, l'innocence, ou la culpabilité « humaine » (celle à qui nul, dans les mêmes circonstances, n'aurait échappé) ou les circonstances tellement atténuantes qu'elles en arrivaient à postuler l'absolution.

Le plus souvent, l'imprévu des débats ou un brusque changement de choix dans la défense bouleversait l'ordre établi. Mais qu'importe !

L'exercice me procurait une véritable jouissance. Celle de la mise à l'épreuve de mes moyens confrontée à la connaissance jusqu'à la possession (« mon » dossier) des données du procès.

Jouissance qui se nourrissait, cela va de soi, d'un fonds permanent d'angoisse. Celui qui ignore cet étrange bonheur, qui mêle en un nœud permanent une petite douleur, là, au fond de l'estomac, à la domination triomphante de l'argumentation ne connaît rien du métier d'avocat pénaliste.

De plus, je puisais dans cette manière de mettre et remettre sans cesse l'ouvrage sur le métier une force particulière. Celle que donne sans doute dans tous les domaines l'étude approfondie.

Mes études de philosophie et mes lectures me gratifiaient d'une avance dans la découverte des autres.

Ajoutez à cela une dose constante de ce volontarisme qui m'a construite. Et, je passe aux aveux, je ne dédaignais guère, à l'occasion, d'accommoder mon intelligence raisonneuse à une certaine faculté intuitive.

Ce mélange m'apportait une approche un peu particulière, j'en conviens, des êtres et des faits côté justice. Mais il réussissait, en général, une alchimie fondamentale entre ceux que je défendais et moi. Je partageais leur malheur (ma compassion), je l'avais exploré à fond (ma technique), ils abandonnaient leur sort entre mes mains (une confiance quasi fusionnelle).

Un ingrédient particulier — ce grain d'affectivité, qu'en avocate atypique, je semais dans toutes mes défenses — catalysait, unifiait, créait ce lien unique, cette curieuse mixture, en vérité.

*

« Il a toujours suffi qu'un homme surmonte sa peur et se révolte pour que leur machine se mette à grincer. » Cette phrase de Camus (*État de siège*) — je le voyais souvent pendant les premières années de la guerre d'Algérie —, je ne cessais de me la répéter. Un homme… ou une femme, me disais-je avec malice[1].

L'important, bloquer le système. Mon escapade chez le grand ordonnateur des tortures, le général Massu, avait peut-être sauvé une vie et permis de mesurer, concrètement, le paroxysme de l'arbitraire.

De la même manière, j'avais écrit à un juge d'instruction de Constantine pour dénoncer une de ses pratiques : il menaçait systématiquement l'inculpé qui refusait de confirmer devant lui ses aveux arrachés par la torture. « Si tu changes de version (tutoiement de rigueur avec l'Arabe), je te remets à ceux qui t'ont accompagné… » Et qui attendaient, derrière la porte du magistrat… Le « client » les connaissait bien et savait de quoi ils étaient capables, ils avaient fait leurs preuves, sur son corps encore meurtri et sur celui de ses camarades. Ma lettre disparut du dossier. Mais le juge d'instruction ne voulut sans doute pas d'embrouilles, il s'abstint, du moins

1. *Le Lait de l'oranger*, *op. cit.*

en présence de certains défenseurs, de cet acte de véritable forfaiture.

*

Les avocats qui se rendaient en Algérie devaient satisfaire à une double formalité : en informer le bâtonnier par lettre, sur laquelle il mettait son visa, et en faire la demande circonstanciée (nom de l'affaire, date de l'audience, état civil complet, etc.) à la préfecture de police. Préalable en général de pure forme. Il ne s'est jamais heurté, pour ma part, à un rejet.

En revanche, dès l'arrivée en terre algérienne, l'aventure commençait. L'autorisation de se rendre en Algérie, qui indiquait les dates limites de séjour, devenait lettre morte. L'autorité administrative, parfaitement autonome, pouvait remettre l'avocat débarqué de France dans l'avion du retour. Expulsion. Ce qui m'arriva quelquefois. Notamment lors de la bataille d'Alger, et quelques années plus tard, pour le procès de Djamila Boupacha. Arrivée la veille pour plaider, j'étais reconduite à l'aéroport par deux policiers au petit matin ou par le dernier avion du soir, le « postal » — un Bréguet deux ponts — qui, après escales à Marseille et Lyon, terminait sa course nocturne à Orly, à l'aube.

*

Alger. Début de l'année 1957.

Grève générale décrétée par le FLN. L'ONU a inscrit la question algérienne à l'ordre du jour de ses débats. Massu et ses paras s'emparent, le jour J, de la Casbah, enfoncent les devantures de boutiques fermées, frappent, arrêtent, emmènent des suspects par centaines pour interrogatoire.

Des coups à la porte de ma chambre, à l'hôtel Aletti. Il fait nuit noire. Je décide de ne pas bouger. Ce n'est pas la première fois que l'on tente l'intimidation, clefs dans la serrure, appels téléphoniques obscènes, menaces de toutes sortes. Les coups se font plus insistants. « Police. Ouvrez ! » C'était loin d'être déterminant. Les terroristes « blancs » se faisaient souvent passer pour des policiers en civil, en brandissant de fausses cartes. Je regarde l'heure à mon poignet : cinq heures moins le quart. Il doit bien y avoir quelques âmes éveillées à l'hôtel. « Ouvrez ! Ou nous forçons la porte ! » L'homme a parlé fort, cela me rassure un peu. De toute manière, il faut ouvrir. Je me trouve face à deux hommes gris comme leur costume. « Police », répètent-ils en montrant une carte tricolore. Je lis vaguement leurs noms. « Vous faites l'objet d'une mesure d'expulsion, maître. » L'un des policiers sort une feuille administrative. Je suis expulsée. Il paraît que je représente un « trouble pour l'ordre public ». Motivation ou absence de motivation convenue. « Voilà mon autorisation de séjour, de la Préfecture de Paris... » J'exhibe à mon tour mon papier. « Je suis autorisée à demeurer trois jours à Alger, je plaide tout à l'heure devant le Tribunal militaire. » « Paris, c'est Paris... Ici, c'est Alger qui décide... Allez... Ramassez vos affaires et suivez-nous... » L'ordre d'expulsion émane en effet de la préfecture de police d'Alger. Signature : Paul Teitgen, secrétaire général. Il me faut dix minutes pour m'habiller — les policiers restant en faction dans le couloir —, rassembler mes quelques affaires et ranger en vrac mes dossiers dans ma sacoche, dont je ne me sépare jamais. Aéroport d'Alger-Maison Blanche. Pendant que mes cerbères accomplissent les formalités de départ, je ressasse. Colère, amertume. Cet accroc fait partie des risques du métier, en ce moment. Mais que son auteur soit Teitgen ! Lui, l'ancien résistant, l'ancien déporté dont chacun connaissait le courage et la détermination tranquille pour s'opposer au système mis en place par Massu…

Lors de mes séjours en Algérie, je l'avais rencontré à deux ou trois reprises. Il m'avait expliqué que, n'ayant pas le pouvoir d'empêcher les arrestations et enlèvements des paras, il avait exigé d'eux un papier relatant l'identité de chacune des victimes. Et il entassait ces listes dans le coffre de la préfecture. Une comptabilité vitale pour le proche avenir, vitale et macabre tant fut important le nombre des disparus. S'était-il prêté à ce coup digne d'un Massu ? Pourquoi m'empêcher de plaider ? Pour me dissuader de revenir ? Teitgen avait au contraire paru soucieux de ne pas être isolé dans son combat. « Chacun à sa place, il faut continuer », m'avait-il dit un jour. Et en me raccompagnant : « Résister. C'est toujours le même mot, le même choix… » Je cherchais à sommeiller avant notre atterrissage à Marseille, première escale. Comme une obsession, je tentais — sans y parvenir — d'inventer une logique à sa décision de m'expulser. Je ne comprenais plus rien. Avait-il trahi, lui aussi ?…

Ce n'est que quelques années plus tard, lors d'un dîner entre les familles Teitgen/Halimi, que j'eus la réponse à mes questions. Paul évoquait les horreurs de la bataille d'Alger. « Ce n'était guère facile de plaider en Algérie, à l'époque. Les avocats étaient menacés, expulsés... » Je ne lui avais encore jamais demandé d'explications sur mon expulsion. « Vous m'avez expulsée en 1957... Je n'ai pas encore compris que vous ayez pu faire ça... Je devais plaider le lendemain et... »

« Non ! Mourir, vous deviez mourir le lendemain ! Vous n'auriez pas plaidé. » Il m'avait interrompue avec violence. Teitgen nous expliqua alors que, selon des informations d'indicateurs bien infiltrés, je devais être assassinée en me rendant au Tribunal militaire. Il avait eu les preuves du complot. « Tout était parfaitement ficelé. Enlevée dans la rue par trois spécialistes. Voiture. Disparition. Voilà. » Il appuie sa main sur mon bras, comme pour me protéger encore. « Ma parade la plus sûre était de vous obliger à regagner la France. Je n'avais pas le choix. Nous ne pouvions ni discuter ni tergiverser. » Il remplit mon verre. « L'urgence, Gisèle, l'urgence. » Je le regardai, interloquée. « Peut-être même auriez-vous passé un sale moment entre les pattes des paras, avant d'être liquidée. » Je frissonnai. « Arrête, Paul. Tout ça, c'est le passé et Gisèle est parmi nous... » Mme Teitgen veut éloigner ces souvenirs, ces fantômes, ces cris de torturés qui, brusquement, envahissent la soirée. « Et on boit à Gisèle, la miraculée ! » « À vous, Paul, mon sauveur !... »

Paul Teitgen avait, de guerre lasse, démissionné et quitté Alger le 12 septembre 1957.

*

Les aveux du tueur Aussaresses donnent une hallucinante réalité aux propos de Paul Teitgen.

« J'avais recueilli des informations précises, tant sur les réseaux de porteurs de valises que sur ceux qui les soutenaient. Il s'agissait de sympathisants tels que Hervé Bourges, Olivier Todd ou Gisèle Halimi, par exemple.

« Cette dernière était d'ailleurs discrètement venue jusqu'à Alger où elle avait réussi à rencontrer Suzanne Massu (l'épouse du général) qui, elle aussi, avait été avocate. Nous ne l'avions appris qu'au dernier moment. Cela me parut une insupportable provocation et j'étais parti avec Garcet pour l'intercepter. Nous l'avons manquée de peu.

« J'avais ainsi établi une liste d'une douzaine de personnes à neutraliser et j'avais élaboré un plan dont j'avais affiné les détails avec Trinquier.

« Les opérations prévues devaient être menées à Paris avec une équipe très légère. Les cibles auraient été abattues par balles[1]. »

Tout concorde : le contexte (la bataille d'Alger), les moyens employés par l'auteur (la torture, l'assassinat...), les dates enfin (année 1957).

Une contrevérité cependant : je n'ai jamais rendu visite à Mme Massu que je ne connais pas. Dans la logorrhée monstrueuse de son livre, Aussaresses évoque sans doute l'entretien que j'ai eu — en avocate qui demandait des comptes — avec

1. Général Aussaresses, *op. cit.*, p. 186-187.

Massu lui-même et provoque sciemment une confusion[1].

Dans tous les cas, grâce à Teitgen, j'avais échappé de justesse à la « neutralisation ». La « cible » (que j'étais) avait glissé entre les balles d'Aussaresses.

1. Voir *supra*.

10

Un Ordre très honorable

Je me suis inscrite à l'Ordre des avocats de Paris à deux reprises : en 1949, nantie de ma licence de droit et de mon CAPA (Certificat d'Aptitude à la Profession d'Avocat), et en 1956, après quelques années passées au barreau de Tunis. Les préalables à l'inscription à Paris étaient identiques.

D'abord rendre visite à tous les membres du Conseil de l'Ordre. Vingt-quatre, plus le bâtonnier[1].

Formalité qui, à l'origine, devait permettre aux aînés de prodiguer intérêt et conseils au « jeune confrère ». À l'usage, la démarche de pure forme, grevant inutilement le temps (précieux) de l'Ordre, fut remplacée par le dépôt d'une carte de visite au cabinet-domicile des conseillers. Trois ou quatre d'entre eux acceptèrent de me recevoir. Ils me tinrent, dans de grandes envolées dissuasives, le même discours : « C'est un très beau métier mais très dur… surtout pour une femme… Vous verrez… mon petit… » J'ai écrit « cabinet-domicile » car

1. Le Conseil de l'Ordre comprend aujourd'hui trente-huit membres dont le bâtonnier et six anciens bâtonniers.

— tradition, conservatisme et symbole tout à la fois — l'avocat ne pouvait exercer qu'en son domicile. Histoire de donner l'illusion que, selon l'ordre bourgeois, être avocat n'était pas un métier mais une fonction quelque peu honorifique. L'avocat conseillait « en son hôtel ». Personnage condescendant et tout-puissant, il régnait sur les malheurs d'autrui, en seigneur. L'honoraire, peu avouable, se trouvait relégué au rang de l'« accessoire », le moins visible possible. D'argent, il ne pouvait être question en pleine lumière. L'honoraire devait ressembler à l'humble présent du citoyen à son maître ès conseils. Le manant aurait pu exprimer sa reconnaissance en nature, produits de la terre ou du commerce. L'argent valait substitut. La notion claire de contrat de prestation de services entre un avocat et son client, la tarification même indicative de ses services, l'exigence d'une convention d'honoraires entre le justiciable et son défenseur sont des notions tardives et à la pratique encore mal réglée aujourd'hui. L'irruption de l'avocat dans le monde européen des affaires, dans les arbitrages, dans la vie des sociétés commerciales a hâté le mouvement. Et expliqué peut-être qu'au serment de l'avocat tel que, députée à l'Assemblée nationale, je l'avais alors proposé (loi de 1982), il parût nécessaire d'y inclure en décembre 1990, explicitement, l'exigence de « probité[1] ».

En 1949 donc, il fallait montrer patte blanche et vivre dans un *appartement bourgeois* [*sic*], pour que l'avocat rapporteur (toujours un cacique, membre du Conseil de l'Ordre) donne un avis favorable à

1. Voir *infra*.

l'inscription du « jeune confrère ». « Vous devez, outre la partie de l'appartement nécessaire à votre vie personnelle, jouir — propriété ou location en bonne et due forme — de deux pièces au minimum. L'une comme salon d'attente et éventuellement secrétariat, et l'autre pour votre cabinet qui doit préserver le secret de l'entretien avocat-client. » J'eus la chance d'être dotée d'un rapporteur débonnaire que j'ai senti sensible à mon dénuement d'alors. Je logeais dans une pièce en sous-location, dans un appartement occupé par la femme divorcée d'un médecin et ses trois gosses.

Que faire ? « Oh, vous savez, certains de vos confrères se livrent à des petites… disons… préparations. Nous ne sommes pas dupes… Mais c'est si difficile d'avoir un appartement "bourgeois", comme l'exige l'Ordre… » J'avais compris. Grâce à des cousins éloignés et à leur vaste appartement dans le dixième arrondissement, je réglai ma mise en scène. La veille de la visite des lieux par le rapporteur, grand branle-bas de combat. On déménagea les armoires, aménagea l'entrée (salon d'attente), on installa une grande table dans une pièce attenante (mon cabinet).

« Ah n'oubliez pas… mon petit (ce paternalisme insupportable des vieux avocats me poursuivit longtemps et m'agaça toujours autant…), pas de divan ou de canapé d'aucune sorte dans le cabinet. » Strictement interdit par le règlement de l'Ordre… Geste d'avertissement qui se voulait coquin à l'appui. Intriguée, je vérifiai. C'était bien dans le règlement. D'où venait donc cette disposition incongrue ? « L'avocat ne doit en aucun cas se laisser tenter par un paiement en nature... », expliqua le Conseiller. J'ouvrais de grands yeux. « Vous avez l'air étonnée mais la profession d'avocat — il soupira — est une profession d'hommes. Il peut y avoir aujourd'hui quelques exceptions... » Et résuma : un avocat défend une jeune femme dans un divorce, ou devant la Cour d'assises par exemple. Jeune femme peu argentée. Mais affaire, personne, procès intéressants. De plus, la confidence, la confiance, l'espérance en un preux défenseur créent des liens. Le Transfert. Le Désir aussi. Et le confrère, sur le canapé du cabinet s'il lui était permis d'exister, d'oublier sa demande d'honoraires (chiffrés). D'y substituer un autre. « Vous comprenez ? » conclut mon rapporteur. Non. Je trouvais ces règles édictées pour des avocats immatures, peu adultes. Le contrat d'honoraires ne pouvait se résoudre en ces liens intimes avec nos clients ou alors nous n'étions plus dans le même contrat (à éviter de toute manière).

Dans « mon cabinet » — le salon de mes cousins —, trônait un divan moelleux. La tentation même ! À quatre, nous l'enfermâmes, faute de place, dans la grande cuisine, au bout d'un long couloir. Nous déshabillâmes la grande table de sa nappe à volants. Les petites coupes, coffrets, pierres et bibelots en tous genres qui la meublaient rejoignirent d'autres cartons à la cuisine. Nous plaçâmes, en évidence, sur le plateau, bien astiqué, du matériel pour avocat : sous-main, classeur, pot d'étain rempli de crayons, chemises en carton, papiers divers... La table de séjour s'était muée en bureau d'avocat.

La visite se passa sans encombre. Le rapporteur — pressé ? blasé ? — jeta un coup d'œil rapide sur les deux pièces. « Tout ça a l'air d'aller... », et après un regard à sa montre et au long couloir qui desservait les chambres, « j'ai les éléments pour mon rapport... », il salua et s'en alla. À peine le respectable Conseiller rapporteur avait-il tourné les talons que le divan, l'armoire, les fauteuils, tous les objets enlevés reprirent leur place. L'Ordre des avocats et l'ordre moral satisfaits, l'autre ordre — celui plus réel de nos vies — reprenait ses droits. « Comment s'inscrire au barreau de Paris ou le divan-voyageur ! » s'esclaffa mon cousin.

En attendant, je fus inscrite sans difficulté.

*

En 1956, à mon retour de Tunisie, j'occupais un appartement rue de Belzunce, dans le dixième arrondissement, avec mes deux enfants et une étudiante au pair pour les garder. Visite également brève du mandataire de l'Ordre. Le séjour servirait de salle d'attente, ma secrétaire s'installerait dans un coin de mon cabinet (et se réfugierait dans le séjour pendant mes rendez-vous). Quant à mon cabinet, de proportions modestes, il ne recelait pas la moindre trace de divan... Deuxième inscription au barreau de Paris, donc.

*

Assez curieusement et alors que, près de dix ans plus tard, je déménageais dans le septième arrondissement, les mêmes vérifications — désignation d'un avocat rapporteur, visite des lieux, etc. — me furent imposées pour la troisième fois. « Vous êtes quelqu'un d'assez spécial », me dit mon rapporteur, après s'être lui-même étonné de ce flicage répétitif.

J'ai raconté de quelle manière spectaculaire mon confrère Pierre Braun et moi-même fûmes arrêtés lors du coup de force du 13 mai 1958 à Alger, sur un bateau en partance pour Marseille, le *Kairouan*[1]. L'arrestation d'avocats en situation régulière lors d'un putsch contre la République par des paras en armes demeure heureusement un incident de parcours peu fréquent. Le journal télévisé montra en France la séquence de notre descente du *Kairouan*. Et encore comment, poussés par les militaires et leurs mitraillettes (j'avais même tenté, instinctivement, de résister, ma robe fut déchirée), on nous faisait monter dans un camion bâché. Destination inconnue.

À Paris, un comité de soutien s'était constitué. Des confrères avaient sollicité le garde des Sceaux, le président de la République. Le Conseil de l'Ordre chargea son bâtonnier de réagir. Communiqué. Sa première phrase « *S'il est exact* que nos confrères Braun et Halimi ont été arrêtés par l'armée à Alger… » rendait vaines toutes les autres[2]. La protestation protestait d'abord contre la vérité des faits. Nous étions arrêtés par des paras putschistes et le « *s'il est exact* », alors que la IVe République mourait de mort violente, se révélait indécent autant qu'imbécile.

1. *Le Lait de l'oranger*, *op. cit.*

2. *Le Monde* (17 mai 1958), « Deux avocats parisiens, maîtres Halimi et Braun, retenus à Alger. »

Un comité de vigilance se constitua à l'issue d'une réunion des avocats de Paris, au Palais de Justice. Il demanda — et la presse s'en fit largement l'écho — qu'un mandataire de l'Ordre se rende à Alger pour s'informer sur place de notre sort[1].

Le bâtonnier fit la sourde oreille.

*

Pendant toute la période — particulièrement difficile pour la défense — de la guerre d'Algérie, mes plaintes, mes rapports restèrent pour la plupart lettre morte. Le Conseil de l'Ordre se situait dans une droite conformiste et plutôt timorée. Il n'entendait pas soutenir, de quelque manière que ce fût, les confrères qui défendaient les « terroristes algériens[2] ».

Ainsi, lorsqu'un Commissaire du gouvernement me lança publiquement à l'audience d'un Tribunal militaire d'Alger : « Vous traînez votre robe d'avocat parisien dans la boue en défendant ces terroristes » et que je quittai la barre en exigeant des excuses, ni le bâtonnier ni le Conseil n'estimèrent, à ma connaissance, devoir réagir.

---

1. Cf. notamment Madeleine Jacob dans *Libération* du 21 mai 1958.

2. Quelques bâtonniers, comme W. Thorp qui sut anticiper les accords d'Évian pour mettre fin à la guerre d'Algérie, constituèrent l'exception.

11

« Une avocate n'avorte pas ! »

L'explication politique — un Ordre des avocats très majoritairement, à l'époque, à droite — exige d'être complétée.

Car lorsqu'il s'est agi de procès — et de plaidoiries — de droit commun mettant en cause les fondements culturels de la société, l'Ordre s'est comporté de la même manière. Répressif et opposé à toute libération des mœurs.

Je pense en particulier au procès de Bobigny[1] où, on le sait, j'assurais la défense d'une jeune femme de seize ans, Marie-Claire, poursuivie pour avortement et de sa mère. Deux « complices », des collègues du métro, les avaient aidées. Avec la secrétaire — avorteuse d'occasion —, elles étaient jugées ce même jour.

Le mouvement « Choisir » qu'avec Simone de Beauvoir, Delphine Seyrig, Jean Rostand, Christiane Rochefort et beaucoup d'autres nous venions de fon-

1. *Avortement : une loi en procès. L'affaire de Bobigny* par Choisir. Préface de Simone de Beauvoir, Idées/Gallimard, 1973.

der après le manifeste des « 343[1] » avait décidé de prendre en charge ce procès. Nous voulions y exprimer notre grande revendication : contraception et abolition de la loi répressive de l'avortement. Et défense gratuite de toutes les femmes inculpées.

J'avais commencé ma plaidoirie à peu près en ces termes :

« Monsieur le président, messieurs du Tribunal,

« Il m'échoit, aujourd'hui, un très rare privilège. Je ressens avec plénitude un parfait accord entre mon métier qui est de plaider, qui est de défendre, et ma condition de femme.

« Jamais autant qu'aujourd'hui, je ne me serai sentie — comme nous disons dans notre jargon — “toutes causes confondues” à la fois inculpée dans le box et avocate à la barre.

« Si notre très convenable déontologie prescrit aux avocats le recul nécessaire, la distance d'avec son client, sans doute n'a-t-elle pas envisagé que les avocates, comme toutes les femmes, pouvaient aussi avorter, qu'elles pouvaient le dire, et qu'elles pou-

---

1. *« Un million de femmes se font avorter chaque année. Elles le font dans des conditions dangereuses en raison de la clandestinité à laquelle elles sont condamnées, alors que cette opération pratiquée sous contrôle médical est des plus simples.*

On fait le silence sur ces millions de femmes.

Je déclare que je suis l'une d'elles. Je déclare avoir avorté.

De même que nous réclamons le libre accès aux moyens anticonceptionnels, nous réclamons l'avortement libre. »

Ce manifeste, paru dans *Le Nouvel Observateur* des 5-11 avril 1971, réunit notamment les signatures de femmes célèbres telles que S. de Beauvoir, M. Duras, F. Sagan, Ch. Rochefort, C. Deneuve, D. Seyrig, etc. Je l'avais également signé, seule avocate.

vaient le dire publiquement comme je le fais moi-même aujourd'hui.

« J'ai avorté. Je le dis. Messieurs, je suis une avocate qui a transgressé la loi[1]. »

Sacrilège ! Que n'avais-je dit, revêtue de ma robe d'avocate ?

Convocation disciplinaire. Avocat rapporteur désigné. J'avais — me dit-on — porté atteinte à « l'honneur de la robe » et aux règles de la profession. « C'est tout à fait inconvenant, contraire à nos règles… Vous êtes un avocat, ne l'oubliez pas… » Je rectifiai à chaque fois : non ! Une avocate… L'Ordre mena, aussi, la bataille contre la féminisation du titre. Je me suis obstinée. Sur mon papier, sur mes cartes de visite, sur mes dossiers, Gisèle Halimi *avocate*. Je fus rappelée à plusieurs reprises à l'ordre, par l'Ordre. La loi et les règlements de la profession ne mentionnent que l'avocat. Donc « avocate » est un terme inexistant, sans doute comme doit l'être la personne. Ou hérétique. Sous la barbe de ces éternels censeurs, au Palais de Justice, à deux pas du cabinet du bâtonnier, trône le buste de Maria Vérone, avoca*te* (1874-1938). Si, à cette époque, la première et seule avocat s'appelait *avocate*, que dire aujourd'hui, alors que les femmes sont quasiment à parité avec les hommes au barreau ?

Certaines de mes jeunes consœurs de province se disaient avocates… Convoquées par le Conseil de l'Ordre en section disciplinaire, elles m'appelèrent au secours. Certes, de nombreuses avocates

1. Extrait de la sténographie des débats in *Avortement : une loi en procès. Le procès de Bobigny*, *op. cit.*

Les procédures disciplinaires de l'Ordre, à l'inverse de toutes les procédures répressives, font de l'avocat le justiciable — le seul, le rare — auquel sont refusés les droits élémentaires de la défense. Paradoxal ? Risible. Mais lorsqu'on vient d'en rire, on devrait en pleurer. Ainsi le droit de consulter mon dossier, de prendre copie des pièces me fut refusé net. La sanction ne me fut pas notifiée. C'est par pur hasard que je l'ai apprise. Et c'est la raison de mon imprécision : quelle sanction au juste ? Enfin, alors que dans toute défense, le contexte politique, moral, social a sa place, celle de l'avocat doit se limiter à un seul débat : le règlement a-t-il été enfreint ou pas[1] ?

Ça ressemble à la discipline militaire, ça en a quelquefois le goût d'absurdité imbécile, mais non, ce n'est pas l'armée. Ici, l'Ordre s'assigne comme mission sacrée de maintenir en priorité les vieux fondements d'une société où l'avocat ne serait toléré qu'en connivence et jamais en rupture.

Si un (éminent) confrère commet (à grande échelle) des infractions financières, il reste, dans l'essentiel, un « cher confrère ». La fameuse « grande famille ». Ajouterais-je que le Conseil de l'Ordre — un confrère en colère (très en colère ?), me confiait "une bande de fachos y fait la loi" — pratique un racisme voilé ? A-t-on jamais élu un bâtonnier juif alors que les avocats juifs sont plus de 10 % de l'effectif total ?

1. Depuis une date récente et pour se mettre en conformité avec la Convention européenne des Droits de l'homme, quelques améliorations ont été apportées au sort de l'avocat jugé par ses pairs.

Sans doute l'Ordre reste-t-il fidèle à son passé, indissociable du régime de Vichy et de son allégeance. Rappelons qu'« un antisémitisme ordinaire », comme le circonscrit d'une manière exemplaire Robert Badinter, régna sans partage au sein du barreau[1]. Que la loi du 2 juin 1941 portant statut des juifs — et instaurant notamment le « *numerus clausus* » des avocats juifs — fut appliquée par l'Ordre sans la moindre résistance. L'éthique ? Les valeurs républicaines ? Billevesées pour avocats authentiquement aryens. Et places à prendre, accessoirement…

L'instauration de la section spéciale en 1941 — une monstruosité judiciaire exigée par les Allemands — ne provoqua pas davantage de remous au sein de l'Ordre. Le procureur général, sur ordre du garde des Sceaux Barthélemy, enjoignit au bâtonnier de lui désigner des avocats pour ces parodies de procès devant la section spéciale. « On a besoin d'avocats, débrouillez-vous… » Le bâtonnier, tout à ses vacances, ne les interrompit pas. Son intérimaire convoqua nos jeunes confrères. « Vous êtes désignés… à vous de voir, d'y aller ou pas… Des peines de mort seront sûrement prononcées. » Elles le furent, frappant pour les mêmes faits et rétroactivement des résistants ou des juifs déjà condamnés. Quand la section spéciale se convertit en Tribunal d'État, d'autres peines de mort furent prononcées. Dans le même mépris du Droit, des droits de la défense, des droits de l'homme[2].

---

1. Robert Badinter, *Un antisémitisme ordinaire. Vichy et les avocats juifs 1940-1944*, Livre de Poche, 1997.

2. Hervé Lamare, *L'Affaire de la section spéciale*, 1970, Folio.

Nos confrères de l'Ordre ne sont d'ailleurs pas en reste, question sexisme.

Un sexisme aimable, je veux dire enrobé de galanterie éculée et de ronds de jambe d'un autre siècle. Une femme a été, pour la première fois, élue au bâtonnat[1]. L'expérience, je crois, ne sera renouvelée que si — comme Mme Thatcher ou Mme Golda Meir — les candidates font la preuve qu'elles sont des *avocats*. Et non des *avocates*. Qu'aucune différence ne marque leur discours, leur comportement, leur conservatisme. Que femmes, elles ne changeront rien au cours masculin des choses. Que l'Ordre (des hommes) régnera toujours dans le monde et au barreau.

Ordre, hélas, souvent défendu par ses femmes-harkis.

Ainsi, lors d'une contestation d'honoraires, le bâtonnier — ou quelqu'un pour lui — avait délégué une magistrate en retraite, grise et triste comme une grenouille de bénitier. Sans m'avoir invitée à m'asseoir, sans me saluer, elle me lança d'emblée d'une voix acide : « Vous qui poussez les femmes à l'avortement, dans la licence sexuelle, dans *soi-disant* la liberté, vous portez une grande responsabilité… »

Son rapport, est-il besoin de le préciser, m'accabla. J'informai le bâtonnier de cette partialité agressive. « Oui… c'était vraiment la dernière personne qui

1. Je me suis évidemment réjouie de l'élection de Dominique de la Garanderie qui me semblait devoir ouvrir l'avenir. J'ai voulu que la bâtonnière préside la cérémonie, au Palais de Justice, de la remise qui me fut faite de la Légion d'honneur par Élisabeth Guigou, garde des Sceaux, ministre de la Justice.

pouvait se charger objectivement d'un rapport sur vous. »

Le Conseil de l'Ordre, tout à la fois, poursuit, juge, condamne. Est-ce conforme à la Convention européenne des Droits de l'homme[1] ?

Sans compter que certains conseillers ne répugnent pas à infliger quelque leçon au confrère, ou mieux, à la consœur, auxquels la pratique a valu une certaine notoriété… L'opinion publique peut décerner des lauriers, force doit rester au règlement : celui d'un Ordre honorable. Et moral.

---

1. Article 6 : « *Toute personne a droit à ce que sa cause soit entendue équitablement, publiquement et dans un délai raisonnable par un tribunal indépendant et impartial…* »

Depuis une date récente, le bâtonnier qui cumulait les fonctions de procureur et de président de la séance de jugement se fera remplacer par un ancien bâtonnier pour les débats.

12

La défense irrespectueuse

« Je jure de ne rien dire ou publier, comme défenseur ou conseil, de contraire aux lois, aux règlements, aux bonnes mœurs, à la sûreté de l'Etat et à la paix publique, et de ne jamais m'écarter du respect dû aux Tribunaux et aux autorités publiques[1]. »

Ce serment de l'avocat, je l'ai prêté avec la crainte prémonitoire de ne pas totalement m'y conformer.

Projetées dans la réalité quelquefois épique de la défense, je jugeais très vite ces contraintes incompatibles avec la mission que j'avais choisie, de toutes les forces de mon esprit, de ma volonté, de défendre. Sans autocensure, sans crainte révérentielle, en toute liberté, quelle que fût sa violence, pour sauvegarder la liberté (l'honneur et quelquefois la vie) du justiciable. Ce serment nous ligotait dans des règles, des traditions, des respects... Le respect des tribunaux se décrète-t-il ? Ne doit-il pas se mériter ? Et celui des « autorités publiques » ? Napoléon, qui avait toujours détesté les avocats, déplorait que le Décret du

1. Décret du 20 juin 1920.

14 décembre 1810 qui avait rétabli la profession (supprimée par la Constituante le 16 août 1790) « [...] ne laissât aucune prise contre eux ». « Tant que j'aurai l'épée au côté, écrivait-il à Cambacérès, je veux qu'on puisse couper la langue à l'avocat qui s'en sert contre le gouvernement. »

Je m'étais déjà cabrée contre le texte du serment avant même de le prêter. Édouard, mon père, pensait que cette contestation abstraite, sans le moindre lien avec l'exercice du métier, n'avait aucun sens. Toujours ce petit grain de folie avec lequel, hélas, sa fille était née. « Qu'est-ce que ça peut bien te faire, ces mots... ? Si tu fais des histoires, tu ne pourras jamais être avocate... » J'ai donc prêté ce serment en ajoutant, pour moi-même, « sous toutes réserves ».

On verrait bien.

On a vu. De 1956 à 1962, les juges couvrant les tortures et les exactions policières, les autorités publiques à l'origine même du dispositif légal livrant les justiciables à l'arbitraire. Respect requis pourtant, comme un chèque en blanc.

Et « les bonnes mœurs », qu'est-ce au juste ? L'image — arrêtée — de certaines règles, de l'état d'une culture, d'une morale, d'un pouvoir. Image aussi précaire et relative que l'ordre social qu'elle reflète.

Les magistrats sont les défenseurs de cet ordre social. L'avocat, lui, défend ceux-là mêmes que cet ordre désigne comme malfaiteurs. Au prix quelquefois, et s'il le faut, d'un désordre social. Il ne doit, en aucun cas, se faire le gardien d'un passé anachronique, le frein d'une évolution. Au contraire, aux pesanteurs sociologiques et aux traditions conservatrices, il oppose l'invention, le mouvement, la nouvelle interprétation d'une loi plus proche de la dynamique des mœurs. Celle de demain.

L'homosexualité, par exemple, crime biblique, délit dans notre droit récent, aujourd'hui reconnue, réconciliée, pacsée avec le droit et l'opinion publique[1]. Convenable, pas convenable ? De toute manière va-t-on cadenasser les « bonnes mœurs », les figer dans une définition que l'évolution des mœurs justement dément ?

Très tôt, j'ai vu l'avocat, *advocatus*, comme celui ou celle qui s'oppose à l'engrenage judiciaire qui peut broyer un homme seul face à la société qui l'accuse. Pour l'*advocata* que je devenais, tout criminel — pour monstrueux qu'il apparaisse — portait en lui un noyau irréductible d'humanité. Noyau dissous en apparence, en réalité voilé seulement par son comportement.

La justice, sans l'avocat, peut anéantir ce noyau singulier et commun à chacun d'entre nous. Le défenseur, lui, tente non seulement de rapporter l'enchaînement logique contre toute logique — comment, par quel événement la machine humaine s'est-elle déréglée ? —, mais révèle, de l'« intérieur », l'irrationnel, l'inexplicable. Qui n'est pas la folie. Au risque, il est vrai, de troubler les esprits. Et de manquer à l'enchaînement cartésien des lois et des hommes. Pour atteindre cette vérité de l'homme, il faut oser l'aventure, forcer le mystère, entrer dans l'innommable ou

1. Alors députée à l'Assemblée nationale, j'avais été rapporteure de la proposition de loi qui supprimait le délit de l'homosexualité (article 331 alinéa 3) à ma demande expresse.

le magique. Pourrait alors s'accomplir le miracle : l'excès, le mal absolu nous deviendraient intellectuellement proches. En dépit des routines judiciaires. Contre une opinion publique souvent exterminatrice.

Pour défendre les Landru, Violette Nozières, Patrick Henry ou, parmi les « politiques », Louis XVI et Marie-Antoinette, Blum, Laval, Pétain, l'avocat doit aussi se battre contre l'opinion publique déchaînée, transformée en foule lyncheuse.

Avec quels moyens ? Les mots. Les mots, seule arme, mais arme absolue. Pour qu'ils expliquent, frappent, l'emportent, ou, à défaut, sauvent la liberté ou l'honneur de l'accusé, les mots doivent dire, se mouvoir, se nouer, courir, s'appesantir, s'arrêter, se répéter. Le tout dans la plus absolue liberté. Dans l'irrespect total des tribunaux, des institutions. Dans le rejet de ce fatras qu'on veut nous contraindre à intérioriser comme une limite, une autocensure.

Cet irrespect s'appelle quelquefois le courage, voire l'héroïsme. « J'apporte ici la vérité et ma tête », disait de Sèze, l'un des trois défenseurs de Louis Capet.

L'irrespect ne connaît-il aucune limite ? Toute liberté n'existe que dans la reconnaissance de celle des autres, nous le savons. Et l'irrespect ici prend la définition d'une liberté dont le rôle fondamental serait la mise en question. Par exemple, en analysant dialectiquement telle loi et sa portée. Juste ? Injuste ? Dans la pratique, générale ou protectrice de certains, et ne réprimant que certains autres ? Des procès s'organisent autour d'une loi — caduque — et de son application discriminatoire. Ce fut le cas par excellence du procès de Bobigny (novembre 1972), en prise directe avec un problème de société : l'avortement. Pour mettre en pièces la loi répressive de l'avortement, il fallait démontrer qu'elle était injuste. Elle réprimait des femmes qui n'avaient pas les moyens de prévenir une grossesse (éducation sexuelle et contraception inexistantes) et, parmi elles, les plus vulnérables, appartenant à des milieux socio-économiques défavorisés (les autres pouvaient avorter à l'étranger ou dans des cliniques françaises huppées, sans la moindre crainte de poursuites). Enfin, elle ne correspondait plus à l'évolution des mœurs, justement, et de la société. Cette loi injuste, discriminatoire, archaïque qui conduisait chaque année un million de femmes à l'avortement clandestin — risques et culpabilité —, fallait-il la respecter, aux termes du serment d'avocat ? Non. D'évidence il fallait hâter sa chute en transformant ce procès qui, au-delà des accusées, englobait une partie de la société, sa majorité, les femmes, en procès « politique ». Règles de base de la « défense politique » : ne pas s'adresser directement aux juges mais, par-dessus leur tête, aux citoyens et citoyennes qu'elle prend à témoin. Refuser le bénéfice des circonstances atténuantes pour revendiquer une pleine responsabilité. Mettre en accusation une loi qui accuse. Exiger son abolition.

Inversement une loi peut être, parce que injuste, insuffisamment répressive. Ainsi, la loi sur le viol, qui bien que criminelle, par un « usage » dont les magistrats se sont longtemps satisfaits, conduisait le violeur devant le Tribunal correctionnel et non devant la

Cour d'assises. Banalisation du crime, de l'audience, de la peine.

Lors du procès, en 1978, d'Aix-en-Provence — deux jeunes campeuses avaient été sauvagement attaquées, frappées et violées par trois voyous —, les victimes avaient décidé de dépasser leur propre saccage. De faire éclater, pour l'opinion publique, l'horreur d'un crime auquel la société semblait se résigner. Nature des hommes... Malédiction d'être femme...

Ce procès se déroula, à l'audience comme à l'entrée de la Cour d'assises, dans un climat de violence particulière. Parce que avocates des victimes, ma collaboratrice et moi-même fûmes agressées, bousculées, giflées. Ces mêmes voyous, compères des violeurs, frappèrent les militantes de « Choisir » et leur crachèrent au visage. Le tout au milieu de forces de l'ordre singulièrement inertes, alors qu'elles pouvaient aisément arrêter sur-le-champ nos agresseurs. Au point que les ministres de l'Intérieur et de la Justice furent interpellés à l'Assemblée nationale par certains députés, indignés.

Avocate des parties civiles, j'avais cité des témoins dits de moralité[1]. En réalité, je voulais que par leur expérience, leur réflexion, leur responsabilité dans la société, ils disent le mal, la torture. Qu'ils suggèrent les moyens, s'il y en avait, de redonner à la femme fracturée sa dignité de femme. De refuser la fatalité

1. Mesdames Florence d'Harcourt, Gisèle Moreau, Marie Jacq, députées à l'Assemblée nationale, Pierre Emmanuel de l'Académie française, le professeur A. Minkowski, Arlette Laguiller.

du viol. De dire notre époque et les lacunes insupportables de la loi.

Le président s'opposa à leur audition avec une grossièreté inhabituelle. Allant jusqu'à requérir la force publique pour arracher les témoins — le poète de la Résistance Pierre Emmanuel, la leader politique Arlette Laguiller — agrippés à la barre du Tribunal. « Vous n'êtes pas des témoins des faits. Je ne vous donne pas la parole. Taisez-vous ! Je vous ordonne de vous taire ! Sortez ! » répétait le président qui avait perdu toute maîtrise de lui-même et des débats.

Arlette Laguiller, elle, se cramponnait de toutes ses forces. « Non, je ne sortirai pas, je ne sortirai pas ! » Elle criait pour couvrir le tumulte dans le public et la voix du président. Elle était venue pour témoigner pour Anne et Araceli, violées dans leur corps et leur dignité. « Si c'était un hold-up de banque... — Gardes, expulsez le témoin ! » C'en était trop pour le président, il ordonna que la force publique — expression consacrée — vînt à bout de cette véritable rébellion. Les gardes se dirigèrent vers Arlette. Ils allaient l'empoigner, la traîner, qui sait, la blesser. « Ne la touchez pas ! » Je me mis entre elle et eux. « Et ne me touchez pas ! » ajoutai-je. Pugilat improbable. A-t-on jamais vu des gardes en uniforme se saisir d'une avocate en robe, au beau milieu d'une audience de Cour d'assises ? Non, le risque était donc quasiment nul. Interloqués par ce barrage physique inattendu — une avocate, une auxiliaire de justice ! —, ils s'arrêtèrent, les yeux tournés vers le président. Ils avaient besoin d'un ordre précis, d'être couverts comme on dit souvent dans ces milieux.

Je profitai de ce moment d'hésitation. « Viens, je t'accompagne… » Je pris Arlette par le bras, les gardes s'écartèrent, et nous gagnâmes la sortie. « L'audience est suspendue », décida le président dans la plus grande confusion.

Sur le fond, avait-il raison ? Avait-il tort ? Les deux. Tout dépend de l'interprétation donnée à la fonction de la justice. À son contenu, à sa portée. Nos témoins n'étaient ni témoins des faits (le viol se perpètre en général sans témoins), ni à proprement parler témoins de moralité (ils connaissaient à peine les victimes, rencontrées quelques jours avant le procès).

Mais leur personnalité, leur œuvre, leur voix pouvaient permettre un éclairage essentiel du présent. Surtout mettre en perspective ce crime absolu, lui donner toute sa signification. Mal et remèdes.

En un mot, faire entrer la culture dans le prétoire.

La loi le permet-elle ? Au sens strict des mots, presque scolastique, ni la loi ni le serment d'avocat (rappelez-vous, le respect dû aux lois, aux juges, etc.) n'offrent la possibilité d'aller au-delà des faits et de la personnalité des accusés et des victimes. Les faits, rien que les faits, la loi, rien que la loi, ces témoins n'ont rien à faire à l'audience, circulez y a rien à dire… En substance, le propos même du président.

Mais nous avions décidé de mener bataille. Nos témoins, chassés brutalement par les gardes sur ordre du président, témoignèrent devant les télévisions, radios et presse sur les marches du Palais de Justice. Au-delà de la plainte d'Araceli et d'Anne, les victimes, nos plaidoiries s'attachèrent à faire le procès des lois existantes et d'une justice fondamentalement misogyne.

J'expliquai ainsi que le viol tue la femme dans la femme, en nie l'identité. Presque toujours accompli dans un rapport de forces physique qui rejette et méprise la liberté de l'autre, le viol ressemble furieusement à un acte de fascisme ordinaire.

Le procès fut publié[1]. Une loi nouvelle — revendiquée par « Choisir » — apporta des modifications spectaculaires[2].

Mise en question des lois, du pouvoir des présidents de Cours d'assises.

Lois justes ? Lois injustes ? La question, incessante, doit être posée. Dans un irrespect synonyme de liberté.

*

La loi édictant la peine de mort et son corollaire précisant « Tout condamné à mort aura la tête tranchée », une loi juste, respectable ? Philosophiquement et humainement parlant, ce fut la pire de notre législation de droit commun.

Avocate et députée à l'Assemblée nationale en 1981, je vécus un moment d'une telle force qu'il justifia, à lui seul, ma participation à cette législature. Je

1. *Viol. Le procès d'Aix* par Choisir/La-Cause-des-Femmes, Idées/Gallimard, 1979.

2. Loi du 23 décembre 1980, qui notamment permet aux associations de défense des droits des femmes de se porter partie civile aux côtés des femmes violées, institue le huis clos à la seule demande de la victime et rappelle que le viol est un crime et doit être jugé comme tel devant la Cour d'assises.

montais à la tribune pour dire en avocate, en femme, en féministe, en humaniste, en somme, l'horreur de la peine de mort. Après l'extraordinaire intervention de Robert Badinter, je me sentais portée par l'Histoire. Grâce à lui, grâce à son courage, grâce aux militants abolitionnistes et à leur présence, l'heure avait sonné. « J'ai l'honneur, au nom du gouvernement de la République, de demander à l'Assemblée nationale d'abolir la peine de mort en France[1]... »

C'est par ces mots que d'une voix blanche puis passionnée, Robert Badinter nous avait entraînés comme dans une déferlante vers le grand changement. La France allait conquérir par sa justice une dignité nouvelle.

Autre bonheur glané aussi à l'Assemblée nationale : chargée du rapport sur les délits d'audience commis par les avocats, j'entrepris — sournoisement — de dépoussiérer ce serment d'avocat qui me devait des comptes. Je proposai, à la tribune, de le limiter à une seule phrase : « *Je jure, comme avocat, d'exercer la défense et le conseil avec dignité, conscience, indépendance et humanité.* » Ces critères nous engageaient sur le fond de notre éthique. Ils laissaient entière notre liberté critique à l'égard du pouvoir, des conventions sociales, des lois, etc.

« Ma » loi fut votée le 15 juin 1982[2].

*

1. Cf. *L'Abolition* par Robert Badinter, Éditions Fayard, 2000.

2. La loi du 31 décembre 1990 ajouta au serment l'exigence de *probité*. Signe des temps !

Comment définir une loi juste ?

Disons qu'elle inverse ou rééquilibre un rapport de forces dont l'état naturel accable le faible. Lacordaire, toujours : « Entre le fort et le faible, c'est la liberté qui opprime et la loi qui affranchit. »

En matière répressive, la loi doit sanctionner — en principe — dans une généralité absolue, indifférenciée. Pour être « juste », elle se doit de prévoir et d'organiser l'inévitable réinsertion du condamné dans la société. La juste sanction n'élimine jamais. La loi se doit d'ouvrir l'avenir au condamné. De tenir compte que l'œuvre de déshumanisation des prisons précipite l'exclusion à tout jamais d'un être humain. L'enfermement, état essentiellement provisoire, doit marquer une transition. Après la faute, organiser la récupération de l'égaré par notre société. Pour lui et pour elle.

*

La défense irrespectueuse transforme des procès-expiation en procès-explications. Elle déborde le recours à la répression par la subversion des idées reçues, des tabous, d'une culture en somme. Elle choisit, contre la rigueur de la loi écrite, celle de la loi morale pour laquelle nul n'est indéfendable et chacun singulier. Elle donne raison à Antigone contre Créon. Aide à la naissance d'un droit audacieux, de progrès. À la naissance aussi d'une justice dont la fonction culturelle prévaudrait sur la fonction répressive. Elle fait du théâtre judiciaire un lieu privilégié de l'échange à vif, de l'écoute des mouvances — sociales, culturelles — du « dehors ». De l'écoute des rythmes divers de notre société. Ainsi pourraient évoluer jurisprudence et lois de demain. Ainsi, elles transformeraient à leur tour cette société. Réciprocité. Interdépendance. Dialectique.

Dans ce mouvement de va-et-vient qui se construit à chaud sur l'événement, l'avocat jouit d'un rôle privilégié. Être le levier, par sa présence, ses mots, sa mise en question, son irrespect novateur, du changement de la justice. Donc des mentalités. Fonction qui a pour objet d'éduquer, de transformer, d'intégrer, de récupérer ceux que le malheur et le mal excluent d'entre nous pour un temps.

Le défenseur vit dans l'inquiétude, l'incertitude, l'insécurité. Attitude féconde et qui doit entraîner à ses côtés le citoyen, concerné au premier chef par sa justice. Tout citoyen n'est-il pas un justiciable en puissance ? Les techniciens du droit et des procès ne doivent-ils pas lui mettre en main, en intelligence, les clefs du débat judiciaire et de ses dimensions multiples ? C'est aussi cela, la démocratie.

Un grand chambardement alors ? Un projet qui peut semer le trouble dans les têtes des politiques et des juristes, déjà faites, ordonnées, classifiées ? Peut-être. Mais rappelez-vous, « ce qui vient au monde pour ne rien troubler ne mérite ni égards ni patience… ». René Char avait sûrement réfléchi à la justice des hommes…

ANNEXE

Appel

Pour la condamnation de la torture durant la guerre d'Algérie

« Des deux côtés de la Méditerranée, la mémoire française et la mémoire algérienne resteront hantées par les horreurs qui ont marqué la guerre d'Algérie tant que la vérité n'aura pas été dite et reconnue.

Ce travail de mémoire appartient à chacun des deux peuples et aux communautés, de quelque origine que ce soit, qui ont cruellement souffert de cette tragédie dont les autorités françaises portent la responsabilité essentielle en raison de leur obstination à refuser aux Algériens leur émancipation.

Aujourd'hui, il est possible de promouvoir une démarche de vérité qui ne laisse rien dans l'ombre. En France, le nouveau témoignage d'une Algérienne, publié dans la presse, qui met en accusation la torture, ne peut rester sans suite ni sanction. Le silence officiel serait d'ajouter au crime de l'époque une faute d'aujourd'hui. En Algérie, se dessine la mise en cause de pratiques condamnables datant de la guerre et surtout lui ayant survécu, commises au nom de situations où “tout serait permis”. Il reste que la torture, mal absolu, pratiquée de façon systématique par une “armée de la République” et couverte en haut lieu à Paris, a été le fruit empoisonné de la colonisation et de la guerre, l'expression de la volonté du dominateur de réduire par tous les moyens la résistance du dominé.

Avec cette mise au jour, il ne s'agit pas seulement de vérité historique, mais aussi de l'avenir des générations issues des diverses communautés qui vivent avec ce poids, cette culpabilité et ce non-dit.

Pour nous, citoyens français auxquels importe le destin partagé des deux peuples et le sens universel de la justice, pour nous qui avons combattu la torture sans être aveugles aux autres pratiques, il revient à la France, eu égard à ses responsabilités, de condamner la torture qui a été entreprise en son nom durant la guerre d'Algérie. Il en va du devoir de mémoire auquel la France se dit justement attachée et qui ne devrait connaître aucune discrimination d'époque et de lieu.

Dans cet esprit, et dans cet esprit seulement, tourné vers un rapprochement des personnes et des communautés et non vers l'exacerbation de leurs antagonismes, nous demandons à M. Jacques Chirac, président de la République, et à M. Lionel Jospin, Premier ministre, de condamner ces pratiques par une déclaration publique. Et nous invitons les témoins, les citoyens à s'exprimer sur cette question qui met en jeu leur humanité. »

Signataires : Henri Alleg, ancien directeur d'*Alger républicain*, auteur de *La Question*. Josette Audin, épouse de Maurice Audin assassiné par ses tortionnaires. Simone de Bollardière, veuve du général Pâris de Bollardière, opposé à la torture et condamné à deux mois de forteresse. Nicole Dreyfus, avocate de Baya Hocine et Djohor Akrou. Noël Favrelière, rappelé, déserteur. Gisèle Halimi, avocate de Djamila Boupacha. Alban Liechti, rappelé, insoumis. Madeleine Rebérioux, historienne, secrétaire du comité Audin. Laurent Schwartz, mathématicien, président du comité Audin. Germaine Tillon, ethnographe, résistante, auteur de *L'Afrique bascule vers l'avenir*. Jean-Pierre Vernant, historien, résistant. Pierre Vidal-Naquet, historien, auteur de *La Torture dans la République*.

II

L'irrespectueuse respectée ?

Un procès au Congo

1

« Une question de vie ou de mort »

Au téléphone, il refuse de dire son nom. Il répète qu'il s'appelle « Arthur... c'est tout », qu'il ne peut laisser de message à ma secrétaire, qu'il doit me parler directement, c'est politique, important, il veut un rendez-vous. Sans s'aventurer jusque-là, ma secrétaire finit par me passer « un certain Arthur, un drôle de bonhomme », dont l'insistance a eu raison de son barrage.

Arthur sera à peine plus loquace. « C'est politique, il s'agit de Français coopérants... Le téléphone, c'est pas sûr... Les risques sont énormes... »

Nous étions en mars 1973, j'entrevoyais mal le danger d'une écoute pour un dossier, semblait-il, ordinaire. Je cernais encore plus mal les contours de l'« affaire ». Rendez-vous fut pris pour le surlendemain.

Arthur, dans mon bureau, hésite à s'asseoir, me regarde avec insistance. Il ne cesse de mâcher (« c'est de la vitamine C, ça fait du bien, ça empêche de dormir... »).

Enfin assis face à moi, il toise d'un regard circulaire l'ensemble du mobilier, des livres, des dossiers :

« Ça peut être une question de vie ou de mort », lâche-t-il avec gravité.

Ses explications succinctes laissent, en effet, entrevoir un dossier difficile.

L'action se passe au Congo-Brazzaville, ex-colonie française. Cinq de ses amis, partis là-bas comme coopérants français, auraient fait cause commune avec un groupe armé combattant le pouvoir. Ce pouvoir qui se dit marxiste-léniniste. « Faux », affirme Arthur. « Une bande de tyrans… des bureaucrates, des corrompus, avec à la tête, le président Marien N'Gouabi. »

Il se lance dans un historique de la situation congolaise. Les complots se succèdent et ne se ressemblent guère. Attaques de droite (un commando contre-révolutionnaire occupe les bâtiments de la radio en 1970), attaques de gauche (grèves d'étudiants, intrigues…). « Mais le complot du 22 février 1972, dit Arthur, n'en était pas un. » Fabriqué de toutes pièces par le pouvoir pour justifier les arrestations de plusieurs personnalités d'extrême gauche. À l'exception de l'ardent lieutenant Ange Diawara, alors ministre de l'Agriculture. Diawara a réussi à prendre le maquis, ou plutôt la brousse, et se livre avec une poignée de fidèles à des actions de harcèlement aux portes de la capitale.

« Nos camarades, professeurs à Brazzaville et à Pointe-Noire, l'ont aidé. » Et comment ? « En rendant concret l'internationalisme prolétarien. » Réponse insuffisante pour nourrir, seule, une accusation de complot, atteinte à la sûreté intérieure de l'État, etc. Arthur devient volubile. Très calé sur les méfaits de l'impérialisme. Une culture politique indéniable.

Enflammé par son réquisitoire contre le réformisme bourgeois et le néo-colonialisme de N'Gouabi.

« Je viens vous demander de défendre nos camarades français. » Pourquoi moi ? Le procès de Bobigny qui a frappé l'opinion publique ces dernières semaines n'en finit pas de susciter débats, interviews, communiqués... Le féminisme combattant y trouve son compte. Parmi les cinq prisonniers de l'armée congolaise, deux jeunes femmes : Paule F. et Paule D. Elles souhaitent sans doute s'exprimer, comme elles l'ont proclamé, en « femmes militantes ».

« C'est ce dernier procès qui vous conduit ici ? » Un rien embarrassé, Arthur toussote. « Pas du tout. Ces histoires féministes, ça ne nous intéresse pas. » (« L'oppression de la femme par l'homme n'est pas une contradiction principale », aurait jargonné le manuel du parfait léniniste...) « Enfin, nuance-t-il, c'est votre affaire. » Alors pourquoi ? « Vous avez été l'avocate courageuse des nationalistes algériens, de Djamila Boupacha... Ce qui compte, c'est votre action anticolonialiste... »

Je tente une vague explication sur l'homogénéité des choix contre l'oppression, l'injustice, l'exploitation, l'humiliation. Mais renonce vite. Il me faut voir plus clair dans l'affaire, dans les mobiles de cet engagement de Français à l'étranger contre le pouvoir qu'ils étaient venus, en principe, servir. Aller aux sources mêmes des poursuites.

Arthur répond à quelques questions. Je préviens : « Si j'accepte le principe de cette défense, j'irai d'abord à Brazzaville pour consulter le dossier, m'entretenir avec vos amis. » Je ne peux m'engager au-delà. « Après, nous verrons... » Qu'il m'appelle dans quarante-huit heures, j'aurai pris une décision.

Arthur téléphone le lendemain, pardon, l'urgence, il insiste, au moins que j'y aille voir... Sur place, je comprendrai. Sûr qu'au retour, je me chargerai de cette défense... Nouveau rendez-vous pour le surlendemain. « Je dois vous donner des précisions, vous en dire plus... » Bref entretien. Il me remet quelques documents dont l'un relate la genèse de l'affaire, l'arrestation...

Il se lève. Il est grand et maigre dans son vieux jean. Ses pieds flottent dans ses baskets. Avec des yeux qui semblent toujours un peu fiévreux, il me scrute sur le pas de la porte. « Notre comité de soutien n'a pas beaucoup d'argent... alors, vos honoraires... » Je lui demande de m'apporter le billet d'avion pour Brazzaville. « Pour les frais d'hôtel, on verra plus tard... Ça suffira. »

Rassuré, il me tend la main. « Arthur, c'est quoi, un nom de plume ? » Légère hésitation, léger sourire. « Non, un nom de guerre... » et il s'engouffre dans l'escalier incommode, dédaignant l'ascenseur.

*

Les trois coopérants français — Paule F., Paule D., Bernard B. — dont je devais assurer la défense avaient été arrêtés le 15 février 1973. Un quatrième, Alain B., sera remis en liberté quelques semaines plus tard mais Bernard Q., un autre coopérant de Pointe-Noire, rejoindra le groupe en prison, après avoir été « retenu » comme les autres à l'état-major du Haut Commandement de l'Armée populaire.

Sans véritable mandat de justice, l'enquête s'était déroulée devant une Commission. Pas de juge d'instruction. Pas davantage d'avocat, semble-t-il[1]. Le renvoi « devant une Cour révolutionnaire de justice conséquente pourvue d'un niveau idéologique assez élevé » (avait précisé le président N'Gouabi dans un discours) était imminent.

Dès le 6 mars, j'avais écrit au ministre de la Justice à Brazzaville pour demander, comme avocate des quatre Français, un permis de communiquer avec eux et le droit de consulter leur dossier.

15 mars : première lettre de mes clients. Par un texte collectif, ils me demandent d'assurer leur défense. Soulignent qu'ils ont beaucoup hésité avant de le faire. Ils ne souhaitent pas en effet, alors que leurs camarades congolais n'ont pas eu cette possibilité (un avocat leur avait été commis), bénéficier d'un quelconque privilège. « Nous pensions pouvoir assurer notre propre défense nous-mêmes devant la Cour révolutionnaire. » Pourquoi font-ils donc appel à moi ? À cause de « la gravité politique de la situation » et de leur ignorance du droit. Paule D. et Paule F., principales accusées, veulent que leurs idées et leurs actes de « femmes militantes » soient défendues. J'ai déjà accepté de me rendre à Brazzaville et entrepris les démarches indispensables, tel est l'essentiel de ma réponse.

1. Un procès-verbal mentionne cependant la présence d'un avocat parisien lors de l'interrogatoire de Paule D. le 27 mars 1973. Un magistrat aurait également mené une partie de l'instruction.

Une lettre d'un tiers, un ami politique congolais sans doute, me parvint plus tard. Elle donnait des précisions sur l'affaire mais surtout expliquait : « Notre choix s'est porté sur vous en priorité pour les raisons suivantes :

· Personnalité de gauche ayant un certain poids politique et une large ouverture…

· Avocat ayant une grande expérience de la défense des militants progressistes (Algériens et action en faveur du peuple vietnamien). »

Chaque mot était pesé et m'enfermait inéluctablement. Cela me déplaisait. Je n'aime pas que l'on décide à l'avance pour moi. Je ne construis pas une défense en fonction de précédents procès. Je n'avais encore, pour l'instant, esquissé aucune stratégie. J'entendais que ma liberté fût entière.

Démarches préliminaires à Paris. Auprès des affaires consulaires du ministère des Affaires étrangères, mon interlocuteur M. Xavier C. me confirma que le procès se déroulerait devant la Cour révolutionnaire de justice et qu'en vertu d'une ordonnance congolaise du 7 février 1969 l'instruction demeurait secrète et se déroulait hors la présence d'avocats. Serais-je au moins autorisée à plaider ? Oui, selon les termes de la Convention judiciaire franco-congolaise. « Maintenant, vous savez, on improvise, on ne sait rien… »

Quelques jours plus tard, appel de mon interlocuteur. Les cinq Français coopérants (Alain B. ne sera mis hors de cause que le 2 avril) m'ont officiellement chargée de leur défense. Il vient de recevoir un télégramme adressé le 16 mars au ministère français par les autorités congolaises. Je note l'extrême réserve de ton et de propos du diplomate. Je lui demande quelques renseignements sur les accusés, il se contente de me signifier brièvement que les contrats de coopération à l'étranger mentionnent l'interdiction absolue de s'ingérer dans la politique du pays choisi. « C'est une clause fondamentale. » Il ne commentera pas davantage.

À l'ambassade du Congo, je fus aussitôt reçue par le Premier conseiller Gaston E., en présence de Marcel O., un juriste sans doute. « Oui... Que voulez-vous, c'est ainsi dans notre loi, me confirme-t-il, l'instruction est bien secrète... » Gaston E. m'apprend alors que les négociations avec le Quai d'Orsay avaient échoué. Je ne savais rien d'une telle entreprise. J'enrage. Le Quai d'Orsay — « On les appelle les pieds-rouges, ces gauchistes... », avait laissé échapper le juriste — me laissait aller au feu sans l'arme essentielle : la connaissance du terrain. Je fais mine, par orgueil, d'être dans le secret des tractations. « Pourquoi cet échec ? Ne peut-on en reparler ? » Le gouvernement français avait suggéré au gouvernement congolais d'ordonner l'expulsion pure et simple des accusés, et de renoncer par là même au procès. Le bureau politique avait refusé, explique le Conseiller. « Nous avons besoin que ces crimes contre notre souveraineté soient clairement reconnus. Nous ne faisons pas de chasse aux étrangers ! »

Faits et accusations particulièrement lourds. Gravité des condamnations encourues. Blocage des négociations. Malgré ces préliminaires, l'entretien fut particulièrement serein. Je pourrais communiquer avec les détenus et consulter leur dossier, le Conseiller me le garantissait.

Je m'enhardis : « Pourrais-je avoir un entretien avec le président N'Gouabi ? » Ni surprise, ni mécontentement devant cette audace. Dans quel pays du monde les avocats de rebelles armés peuvent-ils espérer en référer directement au chef de l'État lui-même ? Ce serait possible la semaine prochaine à condition que j'en informe dès à présent son ambassadeur à Paris. Tout fut dit, échangé, débattu (à peine) avec courtoisie et bonne volonté. Ce qui tranchait avec le ton officiel et lointain de mes interlocuteurs du Quai d'Orsay.

À l'exception de celui qui — sans doute investi d'une mission plus précise, M. Charles de C. — vint me trouver à la veille de mon départ pour Brazzaville. Nous avions des amis communs. Il semblait soucieux de trouver une solution à cet incident, épineux, entre les deux pays. L'engagement de ces jeunes, leur imprudence, dira-t-il, il les qualifiait d'erreur humaine, jamais de trahison. C'est lui qui m'informa de l'état des négociations. Au point mort. Rejet de nos propositions et mise en place, tambour battant, de la juridiction de jugement (d'exception) et du procès. Une presse hostile. « L'important est qu'ils aient la vie sauve et qu'ils puissent être expulsés. La situation au Congo reste instable, me dit-il, le pouvoir change de mains à l'intérieur du même bureau politique, il faut faire vite, on est à la merci d'une péripétie politique, d'une maladresse de nos compatriotes, d'une exigence de répression — pour des raisons internes. »

2

Le « Beach » comme dans un film

Le 3 avril, dûment vaccinée et Nivaquine dans le sac, je m'envolais vers l'Afrique.

À l'aéroport Maya Maya de Brazzaville, Mme H., émissaire de l'ambassadeur de France, m'attendait. Alain B., libre depuis la veille, et deux autres proches des accusés l'accompagnaient. Mme H. m'emmena directement auprès de l'ambassadeur qui m'accueillit avec soulagement.

Le lendemain ou le surlendemain de l'arrestation des opposants, il avait été convié à une grande réunion populaire au stade de Brazzaville. N'Gouabi, lui avait-on dit, devait y prononcer un discours important. Le président congolais, en effet, dénonça avec violence le complot découvert et en désigna la cheville ouvrière : les Français. Pendant qu'il parlait, un camion de l'armée tournait autour du stade, tournait, tournait… Sur la plate-forme, menottes aux poings, se tenaient nos quatre compatriotes, en attraction spéciale. « Indigne, j'ai jugé ça indigne ! Le camion, comme au cirque, accomplissait ses tours… Il montrait au peuple, à visage découvert, les traîtres. J'ai quitté le stade avec ostentation, au risque de provoquer un incident diplomatique… » L'ambassadeur revit, en en faisant le récit, sa colère. « Je venais d'arriver… quelques semaines à peine… Et pour ma première sortie officielle, ils m'avaient préparé ce spectacle… »

Avec le consul de France, il me décrivit le contexte politique. Les propositions françaises — mises au point par un de mes confrères observateur de la Ligue des Droits de l'homme — avaient été rejetées. Tout se gâtait d'ailleurs. L'avocat avait été empêché de prendre son avion pour la France. On m'avait même demandé à Paris de surseoir à mon départ pour Brazzaville. Mauvaise humeur des autorités congolaises. Atmosphère lourde, menaçante. Du bureau de l'ambassadeur, je téléphonai au chef du protocole congolais pour un rendez-vous avec le président N'Gouabi.

Puis j'allai m'installer dans mon hôtel. J'avais refusé d'être hébergée à l'ambassade. Il me fallait garder l'indépendance de l'avocate choisie par les accusés et non par le gouvernement français même si les efforts devaient tendre au même but, la sauvegarde et la libération de nos compatriotes.

Les deux ou trois grands hôtels de la ville où descendaient les Européens, hommes d'affaires, personnel navigant des compagnies aériennes, étaient complets. Je dus me rabattre sur un café hôtel situé à la lisière même du fleuve Congo, à la sortie du grand débarcadère Beach. Dans les navettes, toutes les demi-heures, s'entassait une foule de commerçants, de jeunes gens, de ménagères. Des ballots, de la volaille, des stocks de tissus bigarrés. Excitation, cris, brouhaha. Spectacle unique d'une foire permanente.

Mon gîte — qui s'appelait aussi le Beach — s'étalait par petites cases le long de la rive. Il fallait inévitablement traverser le café qui ne désemplissait pas pour rejoindre les chambres. Il servait vraisemblablement de point de rencontre pour toutes sortes de trafics avec l'autre rive. Le patron héla une servante qui me conduisit à ma chambre. J'eus l'impression, à sa suite, de traverser la brousse tant les chambres se trouvaient en contrebas, dans le désordre, noyées dans la végétation. J'occupais une partie de la case, où toute fermeture — portes, fenêtres — était réduite au minimum. La douche — instrument vital par ces quelque trente degrés de chaleur et quatre-vingt-dix pour cent d'hygrométrie — se cachait derrière un rideau, pas loin du lit. De plain-pied, on investissait du regard table, fauteuils de rotin et un vaste lit (encapuchonné dans une superbe moustiquaire). Quelques cintres pour suspendre des vêtements dans l'entrée.

« Non, madame, il n'y a pas de clef », me répondit la préposée. « Personne ne vient sans frapper et tous doivent passer d'abord par le comptoir du patron. » L'argument me sembla court (et les autres locataires ?), mais je m'abstins de toute réflexion.

En fait, je fus d'emblée fascinée par l'endroit. De l'extérieur, un grand boui-boui. Pour accéder à ma chambre, des caoutchoucs géants, des fromagers en fleur, des manguiers qui entremêlaient leurs branches au point de recouvrir l'allée et le toit des cases. D'une rive à l'autre, dans un vacarme constant, une sorte de bac déversait nuit et jour poids lourds, voitures, véhicules et piétons bigarrés. Décor unique d'un film tropical.

Le Beach hébergeait d'ailleurs beaucoup de ces voyageurs. Peu d'Européens. L'auberge, très bruyante, était plutôt fréquentée par les Congolais des deux rives... La nécessité ne fait pas seulement loi. Elle vous entraîne aussi à la découverte de lieux extraordinaires qui, sans elle, vous eussent échappé. De ma chambre, une vue sans partage sur le fleuve, grandiose. J'apercevais, en face, si proche, Kinshasa, une sorte de monstre urbain, brillant de tous ses feux. Je contemplais ces lumières qui, pour beaucoup d'habitants de cette rive, symbolisaient l'Eldorado. Le rêve de la richesse, les diamants, les affaires. Une myriade d'étoiles, de cubes, de gratte-ciel se mirant à l'envers dans la moire grise, étale, du Congo.

*

Je dépose mes affaires, prends ma sacoche d'avocate, et repars vers le centre. Destination : ministère de la Justice. Devoir longer les arbres exubérants et les hautes herbes pour arriver au café — sortie obligée — m'enchantait, finalement. Pour connaître, sentir une ville inconnue, j'aime à marcher au hasard. Ces larges avenues, bordées de palmiers, donnent à cette ancienne capitale de l'Afrique-Équatoriale française un petit air de ville de province. Le centre de Brazzaville, baigné de lumière verte, semble étranger au quartier grouillant du débarcadère, le Poto-Poto. Je m'égare, prends un taxi.

Le taxi traverse de grandes artères aux maisons basses et me laisse dans ce qui ressemble à un quartier administratif. Un planton du ministère m'indique que seuls messieurs Y. et M. sont habilités à délivrer les permis de communiquer. Absents. Où pourrais-je consulter le dossier ? Au ministère de la Justice, on ne sait pas où il est, ce dossier. Je demande à voir le bâtonnier. C'est le Commissaire du gouvernement M. Ganga Z. qui fait fonction de bâtonnier. Je cache ma surprise. (Confusion des pouvoirs.) Où puis-je le voir ? On ne sait pas, il est peut-être au palais du Peuple. Mais non, renseignements pris, il est absent. Et le président de la Cour révolutionnaire (M. Obani Itou, me précise-t-on) ? On ignore où il se trouve. Je cours du ministère au Palais de Justice, du Palais de Justice à la Cour suprême. Un préposé, peut-être touché par ma somme d'échecs d'une seule après-midi, m'oriente vers un nouvel interlocuteur : le président de la Commission d'instruction. On l'a vu au Palais de Justice, il est passé par ici, il repassera par la Cour révolutionnaire. « Attendez, il va venir. »

Découragée, en nage, ne sachant plus à quelle porte frapper, je reprends un taxi et réintègre mon hôtel-décor-de-film. Au café, les trafiquants échangent, au su et au vu de tous, des liasses de billets de banque. Ils s'arrêtent quelques secondes pour me voir passer, étonnés, bruyants. Je me jette sous la douche dès mon arrivée. Je m'installe sous un ventilateur vrombissant (« l'air refroidi, c'est pour les hôtels blancs », avait précisé la servante en pressant le bouton), je vide à grosses gorgées un verre d'eau glacée.

J'avais demandé au patron si j'avais eu un message. Non. Je dois donc appeler la présidence. Inconvénient majeur avec lequel je dus composer durant tout mon séjour : pas de téléphone dans les chambres. Force m'est donc de passer un vêtement et d'aller au bar. J'ai beau me coller dans un coin, me boucher l'oreille, tourner le dos aux bagarres et discussions qui remplissent le café, j'ai du mal à entendre. Le directeur du protocole me répète, plus fort : « Le président ne peut vous recevoir. » Je tergiverse, feins de le croire occupé aujourd'hui, et demain, est-ce possible, je suis là pour trois ou quatre jours, c'est important, il faut que je lui parle... Le haut fonctionnaire est — totalement — négatif. Ni aujourd'hui, ni demain, ni plus tard. Pourquoi ? Je discute, m'accroche, une entente pour les quatre Français pourrait être de l'intérêt des deux pays, qu'il m'écoute avant de décider... Agacé à la fois par la nécessité de hurler pour se faire entendre et par mon insistance, il finit par me lâcher : « Pour le président, vous êtes comme le confrère qui vous a précédée, maître Thierry M. »

Ce confrère avait eu quelques problèmes pour quitter Brazzaville mais s'était parfaitement comporté. J'en fais la remarque. « Ce n'est pas l'avis du président... » L'au revoir se perd dans le vacarme. Le protocole a raccroché. Je réintègre ma case. Quelle journée ! Je n'ai réussi ni à obtenir mon permis de communiquer avec les accusés, ni donc à les voir. Mes recherches du dossier et d'un interlocuteur n'ont pas abouti. Enfin, le président refuse de me recevoir.

Je décide de lui écrire. Pour forcer le barrage. Je saute dans un taxi et me présente donc à la présidence de la République populaire, ma lettre à la main. J'y précise que, comme avocate anticolonialiste, j'interviens pour des Français gauchistes qui aiment le Congo. « Il est souhaitable que ce problème soit réglé “en famille” et que nous puissions, monsieur le président, en discuter. » Quelqu'un au protocole me promet de remettre aussitôt la lettre à son destinataire, en main propre. « Si vous n'avez pas de réponse à dix-neuf heures, c'est que c'est non. » Il me raccompagne, pressé.

La nuit, brutale et précoce, est tombée.

Retour dans ma brousse au bord du fleuve bruissant. Je n'avais jamais vu un fleuve aussi large, aussi dominateur dans le paysage, à travers une telle végétation.

Dîner avec une amie des détenus. Je découvre le makobé, poisson blanc cuit à l'étouffée dans des feuilles de bananier, le pili-pili, la sauce à l'huile de palme.

J'avais attendu en vain l'appel du protocole. C'est non. Je ne serai pas reçue par N'Gouabi.

3

« Bantsiba » et « Banzouzi »

Le lendemain dès huit heures, de nouveau, le Palais de Justice. Je ressors ma rengaine. Le permis de communiquer. Sans cette pièce officielle, impossible de rencontrer mes quatre clients. Un employé me demande avec nonchalance de préciser le jour de ma visite en prison. Je me fâche. Ce permis doit être permanent. Durant tout mon séjour à Brazzaville, je dois avoir le droit, comme avocate, de voir, aux heures réglementaires, mes clients. Mauvaise humeur de part et d'autre. On va en référer, me dit-on, que je revienne vers seize heures et on verra.

La chaleur monte de quelques crans. Chaleur humide, collante. Sa moiteur imprègne vite les vêtements, recouvre le visage de sueur, fait friser dans tous les sens les cheveux. Notre ambassadeur m'informe que son rendez-vous avec le ministre des Affaires étrangères avait été, sans surcroît de formes, annulé. Je formule la même demande. Refus plutôt sec. « Mauvais signe, tout ça, ils veulent sévir, faire un exemple et ne pas avoir la moindre discussion à ce propos... » C'est mon confrère maître B., avocat congolais de l'ancien Premier ministre Pascal

Lissouba, qui, dans son cabinet, me dit sa préoccupation. Lissouba est considéré comme une des têtes du complot. Une personnalité jusque-là respectée et entendue dans le pays et à l'extérieur. Sur lui et sur Sylvain Bemba, ancien ministre de l'Information, pèsent les charges les plus lourdes. L'après-midi, je réussis enfin à obtenir rendez-vous avec le Commissaire du gouvernement. Il soutiendra l'accusation, m'assure-t-on.

Entretien large, je veux dire tour d'horizon politique — dans lequel j'inclus mes quatre Français. Le procès. Il écoute, agréablement surpris. Il craignait une défense hargneuse, agressive, s'aventurant en terrain politique intérieur.

Or, je parle de générosité, d'engagements d'extrême gauche, d'erreurs peut-être des accusés, mais faut-il traiter et condamner de la même manière le contre-révolutionnaire et le militant gauchiste ? « Je vais en parler au bureau politique. Il y a urgence. » J'apprends ainsi, au détour d'une phrase, que les débats — plusieurs dizaines d'accusés dont les Français — sont fixés… au lendemain ! Je proteste, évoque les droits de la défense, esquisse de possibles nullités, insiste sur l'impossibilité pour les avocats choisis de plaider utilement… « Je vais transmettre votre demande au bureau politique, voir si on peut renvoyer ce procès. » Le Commissaire du gouvernement semble ébranlé.

Dès mes premières vingt-quatre heures à Brazzaville, j'aurai appris la règle qui gouverne le pays : l'inexistence de la séparation des pouvoirs. Principe sans doute considéré comme vain, bourgeois. La justice en tout cas est l'œuvre du Parti et de l'exécutif qui, comme le législatif, est aussi l'émanation du Parti. Les difficultés commencent dans cette absence même de communauté de droits et de principes entre la France et le Congo. Je m'astreins instantanément à tout rapporter — négociations, procédure, organisation de la défense, éventuelle libération (ou condamnation des deux Paule et des deux Bernard) — au plus haut niveau, c'est-à-dire au président N'Gouabi. Et à tenter de n'en discuter qu'avec lui.

Ainsi, après leur arrestation, les quatre Français détenus à l'état-major et interrogés par la Commission d'enquête furent-ils conduits à la présidence de la République. Durant toute une nuit, le président-camarade N'Gouabi discuta avec eux des charges qui pesaient sur eux, de leurs aveux. Mais aussi de marxisme-léninisme et de leurs perspectives politiques. « Si vous avez un projet pour le peuple congolais, déposez-le-moi ! » Étrange dialogue, durant de longues heures, entre la plus haute autorité d'un État et des prisonniers complotant contre lui.

Mais lorsque la procédure prit sa forme accusatoire, le président ne représenta plus le seul pouvoir décisionnel. Le bureau politique tout entier, collectivement et en faisant masse des tendances/divergences, tint en ses mains le sort des accusés. Le président de la République ? Un de ses cinq membres. Et contrairement aux apparences, le moins influent, le plus fragile, le plus exposé dans sa volonté de maintenir l'équilibre entre ces différentes personnalités.

Mais cela, je ne l'appris que quelques jours plus tard.

Je quitte le Commissaire du gouvernement, finalement assez affable, sur sa promesse. « Téléphonez-moi vers dix-huit heures. Je vous dirai le résultat de mes démarches. »

Première victoire ! À seize heures, je ressors du Palais de Justice nantie de mon permis de communiquer. Je vérifie qu'il est bien « permanent » (le mot est inscrit en rouge) et signé par le président de la Commission d'instruction près la Cour révolutionnaire de justice.

*

Les faits reprochés aux coopérants français sont étroitement liés aux soubresauts de l'Histoire d'un Congo, ancienne colonie française, devenu indépendant en 1960. Des liens avec la France demeurés forts. Un partenariat économique, culturel privilégié.

Le Congo — deux tiers de la superficie de la France, à peine plus d'un million d'habitants —, proche de l'embouchure d'un fleuve immense, était devenu le cœur de l'Afrique centrale. Ses transports fluviaux, maritimes, terrestres charriaient les tonnes de manganèse du Gabon, le coton du Tchad, les bois tropicaux de toute la cuvette. Il était en passe aussi de devenir un État pétrolier (Elf Congo, Agip prospectaient le terrain, multipliaient les forages). L'option socialiste proclamée par un pays se disant marxiste-léniniste (coincé entre un Zaïre et un Gabon au libéralisme économique spectaculaire) n'empêchait guère le développement sur son sol des sociétés privées.

Marien N'Gouabi, ancien sous-officier français de l'École interarmes de Nancy (ou Strasbourg ?), est aux commandes depuis 1968 grâce à l'armée, après une période de grande instabilité, marquée par une révolution populaire (les « trois glorieuses », en 1963) et quelques putschs. Le régime socialiste s'affiche avec ostentation. Drapeau rouge et parti unique. Mais ne fait pas l'union. Ces dernières années, de multiples tentatives de putschs l'ont ébranlé. Réactionnaires (de droite) ou gauchistes. Le dernier en date (coup d'État manqué du 22 février 1972) est maîtrisé au prix d'une répression qui laissera de grandes meurtrissures dans le pays. Exécution de deux anciens ministres et d'un poète, cinquante-six condamnations à mort (des cadres politiques qui seront graciés), mille six cents arrestations...

Le lieutenant Ange Diawara, ministre de l'Agriculture, « prend la montagne », traduisez le maquis. Condamné à mort par contumace, ce « soldat perdu » est traqué avec les quelques partisans qui l'on suivi dans sa fuite. Il en profite pour rédiger et répandre le « M 22 ». Un document-clef, le « M 22 ». Considéré par les accusés comme par leurs juges comme une référence maîtresse. Il relate la longue autocritique de Diawara après l'échec du coup d'État du Mouvement du 22 février 1972 (« M 22 »). Les coopérants français — notamment les deux femmes — l'analysent minutieusement dans leurs écrits de défense.

Un an après cet épisode sanglant, presque jour pour jour, découverte d'un complot. Un autre. Arrestation de cinq coopérants français, de vingt-neuf Congolais qui, à l'exception d'un ancien

Premier ministre (Lissouba) et d'un ministre (Bemba), appartiennent à la jeunesse paysanne, étudiante, ouvrière. Vingt-cinq ans en moyenne. Lourdes accusations. Atteinte à la sûreté intérieure de l'État, fourniture d'armes et d'argent au maquis de Diawara (plus de deux mille fusils retrouvés aux portes de Brazzaville, dans les broussailles), diffusion de tracts séditieux appelant à un soulèvement militaire, mise en place de réseaux clandestins aux noms codés…

Contre mes clients, l'acte d'accusation apporte des précisions.

Ainsi Paule D., *alias* « Bantsiba », jeune professeure d'histoire (vingt-huit ans), est arrivée au Congo comme enseignante en septembre 1971. Elle reconnaît avoir encaissé un chèque de trois millions de francs CFA pour le remettre aux émissaires de Diawara[1]. L'accusation établit l'origine des fonds : la CIA *via* Mobutu. Elle reconnaît aussi s'être rendue avec l'autre Paule à Kinshasa (Zaïre), pour des rencontres-entretiens avec les rebelles.

Paule F., *alias* « Banzouzi », professeure de français au Congo depuis novembre 1971, a donc fait le voyage à Kinshasa avec son amie Paule D. le 26 décembre 1972[2]. Séjour d'une huitaine de jours. Escapade sur une mobylette conduite par un coaccusé congolais, jusqu'au maquis de Goma Tsé Tsé.

1. 1 F CFA = 2 anciens francs en 1972, soit au total environ 60 000 FF.

2. « Banzouzi » et « Bantsiba » : « les deux jumelles », la première et la seconde dans l'ordre de leur naissance (en kikongo, langue parlée dans la région de Brazzaville). Noms pris par les deux femmes dans la clandestinité.

Bernard B., le plus ancien des quatre. Au Congo, depuis 1968, comme coopérant. Professeur dans un lycée de Pointe-Noire. Accusé de complot. A accepté de travailler pour le groupe de Diawara. Une longue lettre à Paule F. du 15 janvier 1973 relate ses projets d'organisation clandestine à Pointe-Noire et analyse la situation congolaise et internationale. Saisie sur lui par les enquêteurs.

Contre Bernard Q., aussi — professeur de lettres au lycée technique de Brazzaville —, accusation générale de complot contre la sécurité intérieure de l'État. Mais il se voit, en outre, reprocher la destruction de l'agenda de Paule D. (« document de nature à faciliter les preuves des faits reprochés... »), arrêtée avant lui.

4

« Avocate bourgeoise, réformiste, socialiste... »

Nantie de mon permis, je file aussitôt à la prison. Une case de grande superficie, noyée dans une végétation tropicale, hégémonique, la toile de fond, semble-t-il, de tous les lieux, officiels ou précaires. Dans mon souvenir, cette prison ressemble peu à une prison. Pas de hautes murailles de béton gris, pas de petites ouvertures en meurtrières, pas de barreaux visibles, pas de couloirs intérieurs de sinistre grisaille.

Personne ne me demande la moindre pièce d'identité ou carte professionnelle. Le permis m'est rendu sans avoir été enregistré. Le gardien y a, à peine, jeté un coup d'œil après m'avoir dévisagée.

Le parloir se tient pratiquement dehors, dans une sorte de cour cernée par des branches de caoutchoucs brillants et de bananiers. Les deux Paule arrivent les premières. Elles ont le même âge, nées toutes deux en 1945, l'une à Casablanca, l'autre à Metz. Les deux Bernard les rejoignent aussitôt. Eux, vêtus de tee-shirts de coton, de shorts clairs, elles, de jupes courtes à fleurs ou à carreaux. À leurs pieds, des sandalettes légères. Allure banale du coopérant français des ex-colonies.

Dès les premiers mots, l'évidence éclate. Les meneuses à la fois idéologiques et activistes du groupe, les décideuses de l'engagement stratégique, les « chefs » en un mot, s'appellent Paule et Paule, les « deux jumelles ». Dans des manuscrits de vingt à trente pages qu'elles me remettent, elles ont analysé, décortiqué la situation politique au Congo, la pauvreté des paysans et leur ignorance (d'où leur exploitation), le mécontentement des étudiants, la persistance d'un verbiage révolutionnaire alors que la bourgeoisie (dont l'ancien Premier ministre Lissouba est le produit) freinait les réformes nécessaires. Analyse sans cesse croisée avec celles, taboues, de Marx et de Lénine. Or, le régime de Brazzaville se réclamait ouvertement du marxisme-léninisme pour accomplir, affirmait-il, une révolution populaire. Mensonge, poudre aux yeux, manipulation des Congolais par un discours captieux.

Car au Congo régnait l'OBUMITRI. Heureusement une parenthèse incidente dans les textes, que les quatre avaient intitulés tantôt « Pour notre défense » ou « À propos du procès », me livre l'énigme. OBUMITRI, ni un dinosaure inconnu ni un médiateur national. L'OBUMITRI, c'est Oligarchie Bureaucratique Militaro-Tribaliste.

Je ne sais plus lequel des quatre — dont les dires sont rapportés au dossier — compara Diawara à Che Guevara. On dit que, comme le martyr du Tiers-Mondisme, il est sec, nerveux, séduisant. Romantisme ? Gauchisme ? Nostalgie de révolutionnaires de pays nantis en quête d'actions armées, de radicalisme subversif ?

Le président N'Gouabi avait mis en garde les adolescents et lycéens avec lesquels il organisait de fréquentes rencontres. La pièce maîtresse de sa stratégie exigeait le ralliement de la jeunesse. La séduire mais en même temps l'armer contre le gauchisme venu d'Europe. « Une bande de jeunes romantiques qui s'imaginent être devenus des experts ès révolution au feu de mai 1968... », expliquait-il.

Je pose la question : que vient donc faire notre bande des quatre dans cette agitation complexe, soutenant ou combattant des politiques mal définies ? Faut-il, pour exterminer l'hydre néo-colonialiste au Congo, que des Français s'engagent dans une rébellion armée ? Le gauchisme... Paule F. m'interrompt, me prend le bras, « un coopérant ne peut pas être neutre ». (La neutralité politique à l'égard du pays où l'on exerce est une clause essentielle du contrat de coopération.) « Je suis venue au Congo à partir de mes opinions politiques. Lutter contre l'impérialisme, le néo-colonialisme, ce n'est pas être gauchiste. » Elle martèle ses certitudes, les autres l'écoutent, admiratifs.

L'autre Paule estime que la « neutralité » signifiait, dans son métier d'enseignante, « véhiculer toute l'idéologie bourgeoise européenne, enfoncer dans les esprits toute la supériorité de ses mythes... ».

Deux femmes parfaitement liées dans leurs analyses comme elles l'ont été dans l'action. Elles dénoncent le PCT (Parti Congolais du Travail) : il s'affirme comme parti prolétarien, d'avant-garde, et en fait — les yeux de Paule F. disent sa colère et sa détermination — réprime, écrase dans l'œuf tous les mouvements de revendication populaire.

Les Bernard paraissent plus discrets. On sait que chez Bernard B. a été saisie une longue lettre adressée à Paule F. qui, notamment, trace le schéma de l'organisation rebelle à Pointe-Noire. Il y avoue avoir intégré le groupe de soutien à Ange Diawara après la lecture de ce fameux document d'autocritique « M 22 » où Lénine résume la ligne stratégique : « Unir ceux qui peuvent (le peuple) à ceux qui savent (les révolutionnaires) ».

Savaient-ils, les uns et les autres, que Mobutu finançait le maquis de Diawara ? Le Diable de Kinshasa pouvait-il soutenir l'Ange de Brazzaville, sans dommage pour la Cause ? Bernard B. hésite. « Je ne le savais pas. Le sachant, je ne l'aurais peut-être pas fait… » Coup d'œil aux deux femmes. « De toute manière — il arrache d'un coup sec un fil de son tee-shirt —, plutôt que d'avoir une lourde peine de prison, je préfère dire ça… »

Or, c'est Paule D. qui a touché, dans une banque à Kinshasa, ce fameux chèque de trois millions de francs CFA pour en remettre les fonds à Diawara. « On m'a expliqué qu'une femme blanche éveillerait moins la curiosité au guichet de la banque. — Tu comprends, c'est l'argent de la CIA… », compléta, avec embarras, le deuxième Bernard, arrêté quelques jours après les autres.

Ces quatre enseignants n'arguent ni de leur naïveté ni de l'ignorance du contexte politique. Au contraire. Ils en revendiquent la connaissance parfaite, jusqu'à la symbiose.

Je propose alors de parler du futur, c'est-à-dire de leur libération. Je leur soumets mon plan de négociations. Changement complet de décor, de propos, de comportements. Le décor, la présidence de la République où doit se dérouler la discussion et non plus la Cour révolutionnaire. Les propos, non plus revendicatifs mais seulement informatifs. Ils reconnaîtront leurs actes, diront leurs motivations politiques hautement respectables mais regretteront leurs erreurs. Enfin, ils affirmeront leur attachement au peuple congolais sans prétendre dénoncer ses actuels leaders, pièces maîtresses de l'OBUMITRI, selon eux.

Silences. Silence. Regards échangés. Mines plutôt consternées. Paule F., qui s'est attachée longuement à rajuster du pied droit la lanière de sa sandale gauche, réagit enfin : « Faut qu'on discute de tout cela. Faut que tu lises les notes prises pour expliquer notre défense... »

Je range les dizaines de pièces photocopiées émanant du groupe. Un groupe dont je me demande ce qu'il attend de moi. Quelle utilisation il veut faire d'une avocate qui parle négociations alors qu'il entend lever le poing, dénoncer, se faire accusateur...

Et reprendre, indemne, si possible, le chemin de Paris.

*

J'avais déjà ressenti, dès mon arrivée à la prison, une certaine réserve des prisonniers à mon égard. L'avocat est particulièrement sensible à ce premier entretien où l'accusé, en général, manifeste les signes avant-coureurs de ce que les psys appellent un transfert.

Intellectuellement, affectivement quelquefois, le transfert fait tomber les défenses fabriquées pour le crime puis pour l'enquête. Signifie qu'on entre de plain-pied dans une autre relation, un autre registre. Que cette relation devient l'essentiel de la défense, par rapport à des faits ou des preuves qu'elle saura bien soumettre.

Or, les militants révolutionnaires, dans leur logique, ne portent aucune considération à l'avocat en tant que tel. L'« avocat classique » ? Un produit du système bourgeois. Seul l'« avocat politique » qui ferait passer des messages à l'extérieur (et armes à l'intérieur s'il le fallait) deviendrait un des leurs. Son métier n'est qu'épiphénomène. Celui-là défend comme d'autres tirent à la mitraillette, ou encaissent des chèques pour la rébellion, ou structurent le mouvement clandestin qui renversera par la violence un pouvoir en place.

« Je suis venue pour que vous retrouviez votre liberté. Il faut éviter un procès dangereux. » Donc mettre au point une déclaration commune aux quatre. Si l'accord se fait sur ses termes, prendre les billets d'avion et rentrer en France. Le plus tôt possible, rien n'est plus fragile que ce genre de compromis. Ils écoutent sans bouger.

Paule D. met fin, la première, à un intermède figé qui tournait au malaise. Sentiment d'inadéquation du scénario. « Nous devons exiger la sauvegarde de nos camarades congolais… » Ils soulignent que ces camarades ont été torturés, que leur défense (des avocats commis d'office et dans la main du régime) sera inexistante, qu'enfin, comparaissant seuls, sans eux, les Français, ils risquent les peines les plus élevées. Qui sait, pour certains d'entre eux, la peine de mort. « Il faut exiger, nous exigeons... » Un verbe qu'ils utilisent, chacun à son tour, souvent hors de propos.

Des accusés qui reconnaissent leurs actes et regrettent leurs erreurs peuvent-ils s'ériger en juges, avant leurs propres juges, pour dicter à une Cour révolutionnaire leurs conditions ? Ce procès ne concerne-t-il pas des Congolais (trente-sept, avec les absents) soumis à leur loi nationale dans leur pays, pour atteinte à la sûreté de l'État, rébellion armée et complot ?

Même si cette solidarité les honore, comment la faire prévaloir ? Et surtout avec quels arguments, sinon ceux des droits de l'homme et d'un humanisme qu'ils exècrent, en bons révolutionnaires qu'ils sont ?

« On ne négocie bien que dans un rapport de forces favorable, dans un équilibre des demandes. Qu'avons-nous à proposer, ou de quoi pouvons-nous les menacer ? » J'essaie de parler un peu leur langage pour que l'échange soit plus fructueux. Et, qui sait, plus chaleureux...

Je ne sais plus lequel des Bernard nous fait spectaculairement avancer en résumant, de quelques mots, le dilemme « ou on discute et on n'a pas de procès et on est libres, ou on assume des débats difficiles... », il se tourne vers moi, « et personne ne peut en prévoir l'issue ». J'acquiesce. Il est dix-huit heures. Un gardien vient nous dire que le parloir est terminé.

Je regarde ma montre. Nous serons restés deux heures et demie ensemble. « Je reviendrai… Je vais essayer encore une fois ce soir de mettre la main sur le dossier… »

Premier entretien aux impressions contrastées. Ils veulent — c'est clair — en sortir. « La tête haute », disent-ils. « Oui. Mais pas avec les félicitations du jury… », ai-je précisé. Attitude ambiguë. La liberté, l'impunité, mais contre quoi ? Je me sens aussi, pour la première fois de ma vie d'avocate, acceptée sous bénéfice d'inventaire. La défense du FLN en Algérie, le procès de Djamila Boupacha, ils veulent bien les mettre à mon actif. La lutte contre la guerre du Vietnam aussi. Mais je demeure cataloguée comme réformiste, socialiste, bourgeoise. Pourquoi m'ont-ils donc choisie ? Pourquoi Arthur, chef d'orchestre de la conspiration, a-t-il frappé à ma porte ?

Je n'eus ma réponse que plus tard.

5

« Marx et de Gaulle au-dessus de nos têtes... »

En quittant la prison, je me rends directement au Palais de Justice. Il fait presque nuit et j'ai envie de marcher. Je cherche ma route. Un ciel glauque. Quelques grosses gouttes de pluie. Suivies par de violentes trombes d'eau. J'arrête en courant un taxi et tente de remettre de l'ordre dans mes vêtements, mes cheveux, dégoulinants. Le dossier d'instruction m'est enfin communiqué. Non coté, un véritable fouillis. Pièces sans numéros, pièces manquantes, pièces incomplètes. Dans l'enquête de la Commission, j'en dénombre près de quatre-vingts. Je m'attache à l'étude des procès-verbaux d'aveux de mes protégés. Une accusation jetée en vrac, des actes imputés à chaque prévenu dans le désordre.

Paule F. est allée à deux reprises, pendant plusieurs jours chaque fois, à Kinshasa. Contacts avec des personnalités étrangères. Une journée « à la montagne » (maquis diawarais) pour « information » seulement. Elle a tapé à la machine des tracts, utilisé des stencils, le tout relatant les règles de l'action clandestine. C'est Paule F. qui a recruté en quelque sorte Bernard B. et entretenu avec lui « une relation idéologique », précise un procès-verbal.

L'autre Paule a fait également le voyage à Kinshasa. Un seul, avec Paule F. Elle reconnaît, après dénégations et atermoiements, avoir touché le chèque de trois millions de francs CFA « d'origine inconnue » mais zaïroise.

J'ai dû grimacer en retrouvant dans le dossier la photocopie du chèque. Tout à l'heure, à la prison où j'ai passé deux heures et demie avec elle et ses camarades, Paule D. en parlait vaguement, elle avait dit « détail ».

Bernard B. est nettement moins chargé. Il reconnaît sa « relation idéologique » avec Paule F., la remise de quelques petites sommes d'argent à des camarades congolais, l'étude du document « M 22 »...

Quant à Bernard Q., en dehors du fait qu'il connaît personnellement Paule D., il avoue avoir jeté dans son vide-ordures l'agenda de cette dernière, remis par un tiers...

Ainsi donc les responsabilités des Français s'étagent sur trois niveaux, les femmes au sommet, puis Bernard B., enfin Bernard Q.

Je quitte tard le Palais de Justice, j'ai renoncé à lire tous les procès-verbaux concernant les Congolais. Ils avaient été interrogés sans la moindre méthode, leurs propos repris dans une syntaxe approximative, les actes disséminés dans un dossier inexploitable. Leur défense, dans ces conditions, serait — il est vrai — difficile.

*

Dès mon arrivée dans le café-auberge du Beach, je téléphonai, du comptoir, au Commissaire du gouvernement. Entreprise toujours aussi difficile, incommode. Le vacarme des tables, des verres, des voix empêchait de s'entendre. J'appris ainsi deux nouvelles importantes. D'abord, comme je l'avais demandé, que le procès prévu pour le lendemain (!) était reporté à « une date ultérieure ». Ensuite que les « camarades » Lopès[1] et N'Zé, du bureau politique, m'attendaient demain à neuf heures, au siège du Parti.

Je pris une douche. Longuement, j'inondai visage et corps. Comme toujours à ce moment de fatigue et de chaleur, la douche reconstitue, remet à neuf — pour quelques heures — êtres et choses. Excellent stimulant intellectuel, de plus. L'eau coule, les idées surgissent.

Catherine, une amie très proche du groupe (« Heureusement que j'habite en face de la prison, c'est plus facile pour les repas que je leur apporte tous les jours... »), vint me chercher pour dîner chez elle. Je goûtai ainsi pour la première fois au cœur de palmier frais. Un délice (amandes, pétales de rose, artichauts sauvages, le tout ensemble) qui ne peut

---

1. Henri Lopès, membre du bureau politique du PCT (Parti Congolais du Travail, parti unique), a été plusieurs fois brièvement — ministre (Éducation nationale, Affaires étrangères). Il présidera les débats de la Cour révolutionnaire et deviendra, aussitôt après, Premier ministre. En disgrâce en 1980, il a occupé à Paris le poste de sous-directeur puis de directeur général adjoint pour l'Afrique à l'Unesco. J'y étais moi-même ambassadrice de France : nous y devînmes amis. Il est aujourd'hui ambassadeur de la République du Congo à Paris. Est l'auteur de nouvelles et de romans.

avoir aucun lien de parenté, même lointain, avec les cœurs de palmiers en boîte !

*

Commence ma troisième journée à Brazzaville.

Réveillée à six heures (de toute manière, impossible de dormir tard…), je m'extrais de ma moustiquaire. Re-douche. En même temps, je ressasse mon discours. Du moins le plan de mes propositions.

Le Parti tient son siège à l'état-major. J'ai le souvenir d'une maison basse, d'un jardin exubérant, de pièces pratiquement sans murs. Neuf heures précises. Messieurs Lopès et N'Zé m'attendent. Nous nous installons dans une sorte de cour. Il fait encore bon, en ce début de matinée.

Mes interlocuteurs se livrent d'abord, à mon intention, à un tour d'horizon approfondi sur l'Histoire récente du Congo. Accent mis sur la justesse de la ligne révolutionnaire du gouvernement, sur les progrès accomplis par la République qui se réclame du marxisme-léninisme dur et pur.

Ton calme, échange serein. Sans revenir sur les charges de l'accusation, je propose de régler l'affaire par l'expulsion immédiate des quatre Français. « La presse française l'annoncerait. La vôtre aura toute liberté pour présenter votre décision comme une sanction… » Lopès fait valoir qu'il faut que leurs aveux, circonstanciés, soient portés à la connaissance du peuple. Pédagogie révolutionnaire oblige. « Et qu'ils reconnaissent leurs fautes, en demandent pardon publiquement… » Fascination de l'autocritique.

Je glisse : « Et les accusés congolais ? — Ça, c'est l'affaire de notre justice. Vous n'avez pas à vous en mêler... » Réplique vive, instantanée, lancée presque en duo par mes interlocuteurs. Il ne faudrait pas que le départ des Français aggrave leur cas, qu'ils n'aient pas la défense (politique) qu'ils souhaitent, qu'ils soient en quelque sorte des boucs émissaires... J'hésite et je lâche « après avoir été des victimes de vos tortionnaires... ». L'entretien se gâte. N'Zé en particulier, les yeux injectés de filaments rouges, m'accuse de colporter les accusations sans fondement des « pieds-rouges » (mes clients), de porter ainsi atteinte à la justice, à l'armée, au Congo. Qui a pris le risque de l'affrontement, en organisant ce procès pour des raisons de politique intérieure, sinon le pouvoir ? « De toute manière, il faut faire un texte, voir leur déclaration..., à vos clients... Il en faut une, n'est-ce pas ? » Lopès a calmé le jeu. On parle de déclaration en quatre ou cinq points. On parlera de la suite plus tard. On énumère les thèmes de chaque point. Je dois revoir mes coopérants et j'apporterai un texte. L'entretien — difficile — aura duré deux heures vingt.

Dans les dix minutes qui suivent, je retrouve mes quatre Français à la prison. La procédure quelque peu folklorique pratiquée par la Commission d'enquête ne me semble pas en état de supporter le passage au crible qu'effectue toute défense lors des débats. « Et puis, ils ont torturé les Congolais... » Je l'avais noté, dans mon souci de me constituer quelques points forts dans la discussion avec le bureau politique.

Plus de trois heures s'écoulent à tenter de rédiger « la déclaration ». Les femmes tiennent à expliquer que leur action ne ressortissait pas à la ligne militariste, qui consiste à prendre le pouvoir par la force (« opportunisme de droite »), mais au contraire à la ligne politique (« éducation des masses, ouvriers, paysans »). « Et les armes saisies, tu en fais quoi dans ta ligne politique ? » Bernard B. lance le pavé. Objection d'importance. Réponse : « Nous nous sommes engagés sur la base politique du "M 22". Pour le reste, nous avons fait confiance aux responsables... » Grimace de Bernard Q., éloquente. Il faut mettre un peu de cohérence dans la démarche et reconnaître, pour les assumer, les erreurs : les voyages à Kinshasa, l'encaissement du chèque, les passages « à la montagne », les armes enfin. Sinon comment passer pour des militants conséquents, responsables ? « On va apparaître comme des suivistes, des aventuristes... » Ce vocabulaire leur est aussi naturel que l'air respiré. Je me contente d'écouter leurs échanges, j'interviens à peine, je tente de synthétiser de temps à autre, « donc point numéro quatre, affirmation de votre solidarité avec les accusés congolais... ». Ils m'entendent à peine. Je finis, après plus de deux heures, par élever la voix. « Vous voulez à la fois que votre action soit reconnue comme objectivement et politiquement militante, c'est-à-dire juste, poser des conditions à la Cour révolutionnaire de justice pour le procès de vos coaccusés..., et retrouver "la tête haute" (expression souvent utilisée dans le débat) la liberté... Vous ne trouvez pas que vous prenez les responsables politiques du Congo... » Interruption, « tu veux dire :

l'OBUMITRI... ». Je reprends, l'agacement affleure dans ma conclusion : « Oui, vous les prenez pour des... — Mais ce sont aussi des cons ! et pas seulement des tyrans... », complète, véhémente, l'une des Paule.

Je repars, de mauvaise humeur, plutôt pessimiste. Ce désordre ne peut que nuire à la négociation entreprise. J'ai écrit sous la dictée les quatre ou cinq points arrêtés par mes clients sous le titre « Déclaration ».

L'après-midi, je tente de reprendre l'étude du dossier à la Commission d'instruction, mon petit magnéto à la main pour enregistrer les pièces essentielles. Je trouve porte close. Ce qui accroît mon impatience. Je suis en nage. Dans les lavabos de la Commission, le coup d'œil jeté au miroir ébréché me conforte dans mon impression : hostilité des accusés, du climat et du pays à mon égard.

Une amie du groupe m'avait recommandé de ne pas utiliser de crème pour le maquillage. « Tu te poudres, ça sèche la sueur, ça tient, tu verras... » J'ai vu. Pitoyable. Des rigoles tracent des sillons rosés sur la poudre. Un clown qui mime les larmes dans un cirque, cravaché de temps à autre par monsieur Loyal, voilà à quoi je ressemble.

À l'hôtel, le patron bistrotier me tend, l'air important, un message. « Ils m'ont dit de ne le remettre qu'à vous-même... à personne d'autre ! »

Rendez-vous à seize heures trente avec le Commissaire du gouvernement Ganga. Fort civil, il m'annonce que le président N'Gouabi m'accorde audience pour le lendemain. Le report du procès a été annoncé à la radio. Aucune date n'est pour l'instant fixée, le Commissaire du gouvernement ne peut m'en dire davantage.

*

Vendredi 6 avril. Dix heures quarante-cinq. Je suis à la présidence. Quinze minutes d'avance. J'ai scruté ce grand bâtiment militaire gardé par de jeunes soldats. J'ai à peine le temps de m'asseoir au salon. Un officier me conduit dans le bureau du président N'Gouabi. Qui vient à ma rencontre. De petite taille, le visage lisse, il me tend une main chaleureuse.

J'ai remarqué en entrant deux grands portraits au mur. Marx et de Gaulle. Nous nous asseyons juste au-dessous, dans le coin d'une grande pièce plutôt sombre.

Le président s'engage — et m'engage — dans une discussion idéologique. Point central : *La Maladie infantile du communisme*. Je connais bien l'ouvrage de Lénine et l'ai même emporté dans mes bagages[1]. N'Gouabi veut en tirer la conclusion que le gauchisme se révèle aussi objectivement criminel contre la révolution du peuple que les armes capitalistes.

Pour lui, Diawara et ses partisans sont des « ultra-gauchistes irresponsables ». Pour les décrire, il a des mots très durs : « assoiffés de pouvoir… faisant le jeu de l'impérialisme… ». Je glisse : « On ne peut pas dire cela des coopérants arrêtés par vos services… » Le président concède qu'ils ne sont peut-être pas vraiment conscients de la nature de ce maquis. « Un

1. Lénine, *La Maladie infantile du communisme* (« le gauchisme »), Éditions en langue étrangère, Moscou.

maquis tribal... celui des Laris... » Quelle est donc la ligne révolutionnaire juste ? Celle que lui, N'Gouabi, incarne. Réaliser pour le peuple congolais, à un rythme qui lui est propre, les transformations essentielles. Aller plus vite serait risquer de disparaître dans une contre-révolution.

Ne veulent-ils pas, les militaires au pouvoir, plutôt se constituer en classe privilégiée et laisser, par l'inertie, place nette aux intérêts étrangers, c'est-à-dire aboutir au blocage de toute perspective de développement réel du pays ? Cette contradiction, je m'abstiens prudemment de la lui porter.

« Et l'enseignement ? Comment réussir une authentique "école du peuple" ? » Le président, décidément, tient à aborder tous les grands sujets politiques. Et analyse au scalpel l'enseignement colonial (ou post-colonial). « Vous savez ce que disait George Jackson, l'explorateur britannique ? » Un temps, il cherche les mots exacts. « La pire erreur que puissent faire des gens en situation de colonisés est de laisser leurs enfants suivre un enseignement organisé par l'ennemi. »

Je regarde discrètement ma montre. Voilà plus d'une heure que nous faisons, dans le ronflement de la climatisation, l'exégèse des textes sacrés (dont la *Commune de Paris* de Marx) et que ne sont évoqués ni les noms ni le sort des quatre coopérants. Sauf l'allusion à la médiocrité de leur connaissance des maquis, le président ne semble pas disposé à passer du général au particulier. « Comment mariez-vous l'enseignement politique de Marx avec celui de De Gaulle ? » Je tente une diversion, je jette une passerelle. De Gaulle va nous ramener aux Français, à ceux du procès. Avec lenteur, avec une application touchante, le président applique l'action décolonisatrice de notre ancien président à la thèse de Lénine. Indépendance nationale d'abord (de Gaulle), révolution prolétarienne ensuite, lien entre luttes politique, économique et théorique (Lénine). Il ne veut pas séparer Marx et de Gaulle, ses maîtres à penser. Il se cale dans son grand fauteuil qui le rapetisse davantage. Voix douce et, par moments, des yeux d'enfant. Un enfant émerveillé par les mystères de la dialectique et avide de se les approprier.

Son accueil m'avait donné quelque assurance. Il avait rappelé, dès mon arrivée, mes défenses pour le FLN algérien et mes démêlés avec la justice militaire d'Algérie pour sauver Djamila Boupacha. « Comment Simone de Beauvoir est-elle venue à préfacer votre livre *Djamila Boupacha* ? Et Sartre ? » J'avais répondu le plus brièvement possible, je voulais mettre fin à ces longues digressions.

En entrant dans l'aile de l'état-major où j'avais été convoquée, je m'étais remémoré les points importants de la négociation à entreprendre. Et me voilà renvoyée à l'Algérie, à la décolonisation, au Vietnam, à Lénine et de Gaulle... J'accumule des bons points, certes — « Votre action, camarade Gisèle... », « Je parle avec la militante, la camarade Gisèle... » —, mais l'entrée en matière semble longue. Trop longue. Je finis par sortir de ma serviette une feuille de papier et un Bic pour énumérer les points charpente de la déclaration que devraient solennellement faire mes clients pour retrouver la liberté : les autorités congolaises renonceraient à juger les coopérants, ils pourraient exprimer leur totale solidarité avec leurs camarades congolais, dont la libération, exigée par les quatre, ne pourrait intervenir qu'après une discussion approfondie des responsables avec les membres du bureau politique. Enfin les quatre quitteraient le Congo avec moi, dès le lendemain, sans autre forme de procès, après avoir signé « la déclaration ».

Le président sourit. « C'est tout ? Ils ne réclament rien d'autre ? » Et pour souligner l'excès de la demande : « De toute manière, ajoute-t-il, il faudra un cinquième point. Mentionner que c'est avec la militante Gisèle Halimi que j'ai accepté de discuter. Je n'aurais pas reçu quelqu'un d'autre sur ce problème. » Il décroise les jambes. Elles touchent tout juste le sol. « Que je parle à la camarade Gisèle Halimi et non à maître Halimi change tout. D'ailleurs, un de vos amis est arrivé hier à Brazzaville… » Et l'air futé : « Nous nous sommes renseignés… Il nous a beaucoup parlé de vous… »

*

La veille, alors que je quittais l'hôtel et me frayais un chemin dans la foule toujours agglutinée autour de l'entrée du bar, un cortège officiel surgit de l'embarcadère dans un vrombissement aigu de sirènes. Il s'immobilisa quelques minutes, pris comme dans un filet, l'embouteillage anarchique qui grouillait sur la rive du fleuve interdisait toute avancée. Une somptueuse voiture noire stoppa à ma hauteur, vitres baissées. Au moment où je reconnus Layachi Y., je l'entendis crier : « Gisèle, c'est pas possible, toi ici ? »

Pendant la guerre d'Algérie, comme beaucoup de responsables du FLN, il avait été arrêté. J'avais été son avocate. Aujourd'hui, il était ministre algérien du Commerce. Nous avions gardé des liens d'amitié et nous nous revoyions de temps à autre, à Paris ou Alger.

Il fit signe à son chauffeur de se mettre sur le bas-côté et descendit m'embrasser. Il était en visite officielle à Brazzaville pour trois jours. « Viens demain soir à la réception que je donne à la Villa de la Corniche à dix-sept heures, on pourra parler. » Les klaxons de toutes sortes — voitures, vélos, motos — couvraient nos voix. Le chauffeur fit signe, il bloquait la voie de croisement. « C'est où, cette villa ? » Layachi s'engouffra dans la voiture. « Je t'enverrai chercher. » Et comme je montrai du doigt le café : « Non, tu n'habites pas là, quand même ! » Il referma la portière. « Je compte sur toi. »

*

C'était donc de lui — de qui d'autre ? — que le président N'Gouabi tenait des informations aussi précises sur moi. Tant mieux. Si les amis communs mettent du liant dans une négociation politique, l'Algérien est le bienvenu.

Le texte de la déclaration ? Le président ne semble pas acharné à condamner. Il sait que la répression serait contre-productive. Dans toutes les notes d'Arthur et les propos des coopérants, N'Gouabi est présenté comme un modéré qui tient à rallier la jeunesse, à réussir l'union. Il joue donc la carte de la réconciliation, en président de trente-cinq ans, autodidacte, qui s'est lancé de lui-même dans des études de sciences physiques.

« J'étudie tous les après-midi avec un professeur pendant trois à quatre heures. Je tiens à avoir cette licence, vous savez... » Je sais, je le crois, il y a quelque chose de touchant dans cette volonté de parfaire ses connaissances. Pour être à la hauteur, pour mieux assumer ses responsabilités.

Je voudrais conclure. Conclure, c'est repartir avec son accord et sa promesse. Nous serons restés ensemble de onze heures à treize heures vingt-cinq. « Le temps a passé vite, camarade Gisèle, et nous aurions pu parler jusqu'au soir... »

Avec difficulté, j'obtiens son accord sur l'essentiel. Les Français ne seraient pas jugés. Ils quitteraient le Congo dès l'accord du bureau politique. Je le remercie. Il me serre les deux mains avec effusion en me raccompagnant. « Merci, président, je cours à la prison annoncer la bonne nouvelle à mes amis... » Il me recommande de m'entretenir très vite avec les camarades du bureau politique. « Je les tiendrai informés... Je vais les appeler... » Il ajoute : « Sans eux, rien n'est possible, c'est la règle... » Il semble heureux de faire des heureux. Je me surprends à me dire « un brave homme finalement... ». Il s'est retourné pour me faire signe sur le seuil.

Je quitte l'état-major et me rends directement à la maison d'arrêt. Quand j'annonce la fin de l'épreuve — pas de procès, pas d'humiliation, garanties pour les camarades congolais, etc. —, les quatre sautent de joie, lancent des « Victoire ! Victoire ! » et, pour la première fois, remercient. « Maintenant, on attend, on ne bouge plus ! » dit un Bernard, le plus soulagé des quatre. Je m'occuperai dès aujourd'hui de leurs billets d'avion. « Nous n'avons plus nos passeports », rappelle Paule F. Je les rassure, je me chargerai des formalités et me presse vers le Beach où le chauffeur de Layachi doit m'attendre. « Le président N'Gouabi avait eu des informations sur mon action en Algérie par Layachi Y., un de mes amis. Je l'avais défendu pendant la guerre. Il est aujourd'hui ministre algérien du Commerce. » J'explique qu'il est à Brazzaville et que je vais le retrouver.

6
Volte-face ?

Comme le ministre algérien avait parlé de réception, j'avais en quelques minutes changé de chemisier et tenté, avec un peigne mouillé et un séchoir, de redonner un air convenable à mes cheveux. Peine perdue. À peine installée dans la voiture, je me retrouvai frisée. Vilaine frisure, à contresens. Mon image me surprenait. Elle surprend d'ailleurs aussi mon ami qui vient m'accueillir. « Tu as changé de coiffure ? » et devant mon air désolé, « mais c'est très bien » proteste-t-il. Les salons bruissent des conversations de petits groupes, les verres circulent, les hommes pour se saluer se tapent dans le dos, les femmes, peu nombreuses, en tenue traditionnelle, parlent fort. « Alors comment ça s'est passé avec le président ? » Layachi sait déjà tout. L'arrestation des Français, la collusion avec le maquis de Diawara, les négociations entreprises par l'ambassade. « Les accusés récusent toute intervention officielle... Je suis leur avocate et j'ai directement proposé un compromis à N'Gouabi... » Arrive Henri Lopès, membre du bureau politique. « Comment ça va depuis hier ? » me demande-t-il sans chaleur excessive. Il voulait s'informer sur mon entretien avec le président et non s'enquérir de ma santé. Je résume l'accord conclu et en profite pour tenter de régler le problème passeports, billets, etc. Lopès, le visage fermé : « Nous ne savons rien de cet accord. Il faut que nous en parlions avec vous… » Le « nous » englobait tout le bureau politique. « Mais il me semble que le président N'Gouabi qui a toutes les données… — Justement, je ne crois pas qu'il les ait toutes… » L'interruption sèche de Lopès, dans ce petit groupe où un Algérien, un Congolais et une Française semblent — internationalisme de gauche oblige — liés politiquement sur les principes, me glace et surprend Layachi. « Vous allez régler tout ça… », dit-il convivial. « Rien de tel qu'une bonne explication entre camarades. » Il ajoute que Gisèle est une militante qui… l'Algérie… la gauche… « C'est une sœur : il ne faudra pas l'oublier quand vous discuterez… » Quand ? Ce soir ? Je savais que les résultats de mon long entretien à l'état-major ne devaient pas être des « données » mais demeurer un accord conclu. Accord qui devait garder son actualité concrète, pratique… « C'est impossible ce soir. Je vous appellerai. Nous nous verrons demain, à huit heures. »

Lopès a décidé. D'une voix bureaucratique, en feignant de s'intéresser aux éclats d'une conversation voisine, sans me regarder. Mon ami algérien me prend par le bras et m'entraîne. Il me présente à quelques dignitaires. Je lui glisse à l'oreille : « C'est l'OBUMITRI, ça… », et le fais rire quand je lui donne le sens de ce sigle, cher au vocabulaire des dissidents. Je ne veux pas m'attarder. Lopès va m'appeler au bar. Il aura parlé à ses amis du bureau politique.

Je rejoins ma chambre à travers les banians et les feuilles-fleurs des bougainvilliers. Comme en Tunisie, dans mon enfance, des bougainvilliers orange et mauves, étonnants. Je m'arrête pour en cueillir une branche aux pétales géants. Le serveur, presque sur mes pas, est à ma porte. Téléphone pour vous, madame. C'est bien Lopès qui confirme le rendez-vous.

J'ai à peine quitté le bar et sa cohue nocturne que le patron me rappelle, me fait signe, brandissant le téléphone. Une petite voix, douce, basse. Le président N'Gouabi. Il veut préciser certains points. Quels points ? Il parle avec précaution, lenteur, longueur. Les Français doivent, avant de quitter le Congo, s'expliquer, de même que leurs complices (le mot « complices » indique à lui seul le changement de cap) congolais. Ils peuvent exposer leur ligne mais pour en reconnaître l'erreur. « Le peuple a le droit de savoir comment et pourquoi un tel complot a été fomenté. » Plus question d'affirmer une solidarité quelconque avec les autres accusés. « C'est une affaire intérieure, le procès de nos nationaux...
— Il y aura donc procès ? Et la quatrième clause de notre accord ? » Je pose, un peu énervée, les mêmes questions. La discussion politique entre les accusés libres et les responsables du bureau politique qui devait avoir lieu dans quelques jours ? « Vous aviez même précisé, monsieur le président (je remarque qu'il ne me donne plus du "camarade Gisèle" qu'avec parcimonie, une fois seulement je crois...), que j'y assisterais... » Maladroite, je parle même d'intendance. Les billets d'avion des coopérants ? Nous partons bien demain tous les cinq pour Paris, comme

convenu ? N'Gouabi ne répond pas directement. Tout dépend de mon entretien avec le bureau politique au complet, demain. « D'ailleurs, j'y serai », précise-t-il.

Volte-face. N'Gouabi a-t-il dans la journée changé d'avis ou — ce qui paraît le plus plausible — a-t-il été désavoué ? Coup dur. Je me joue l'explication optimiste, en somme ce nouvel entretien, c'est pour avaliser notre accord, un souci démocratique, que tout le bureau y participe, une formalité politique. « D'ailleurs le président Assemekang, président de la Cour suprême, veut aussi vous parler. » L'accord à l'avenir linéaire se brouille, se complique. « Il viendra vous voir à l'hôtel vers 22 heures. »

J'essaie de faire durer l'entretien. Pour en savoir plus, mieux percer les raisons de mon interlocuteur à travers les inflexions de la voix, le choix des mots. Mais le président y met fin. Quinze minutes pour passer de la liberté immédiate au procès à risque, de l'affirmation de (justes) principes politiques à une autocritique humiliante, d'une sortie du Congo « la tête haute » à l'exigence de payer ses actes. Quinze minutes pour défaire ce que des jours de négociations, des heures d'entretien avec la plus haute autorité du pays auront construit, quinze minutes pour anéantir l'espérance.

*

Je regagne à nouveau ma chambre, la tête basse. Tout est donc remis en question. Peut-être même que le sort de mes coopérants régresse. Je m'installe sous le grand ventilateur. Avec précaution, pour que les feuilles ne s'envolent pas, j'ouvre une grande enveloppe beige sur laquelle était simplement écrit « Gisèle Halimi ». « C'est un garde de la présidence qui l'a donnée pour vous », m'a dit, l'air quelque peu mystérieux, le serveur qui me l'avait apportée.

N'Gouabi m'adressait les documents évoqués lors de notre entretien. Des extraits de ses discours, de résolutions du bureau politique, une analyse détaillée de l'option du Congo pour le socialisme scientifique. Et les moyens pour le réaliser. « Vous verrez, j'ai écrit quelques pages là-dessus... »

Je parcours ces vingt pages d'un trait.

La moiteur de l'air est absolue.

Où et quand la ligne engagée dans les négociations s'est-elle rompue ?

Arthur, dit le Libanais, m'avait remis de nombreuses notes d'analyse politique à l'intention de ses camarades. Elles commençaient par « chers camarades et chers rats », transmettaient les « bonjours brisés, salutations de Lucien, du nabab, du dindon et de tant d'autres », proclamaient que la lutte continuait, et décortiquaient les issues possibles — procès, pas procès — de l'affaire. Surtout elles dissertaient sur le caractère révolutionnaire, internationaliste de l'action des quatre et justifiaient, expériences à l'appui, l'« ingérence ».

La réalité congolaise l'exigeait. Ses contradictions — distinguer la droite, les dissidents et N'Gouabi le modéré — entraînaient un « classement » de l'utilisation possible de la défense. Halimi peut servir pour approcher N'Gouabi et obtenir un règlement politique sans recours au procès, et donc la libération des camarades. Henri L. serait meilleur pour plaider le fond en cas de procès. Thierry M., qui m'avait précédée, avait rédigé une excellente note sur les charges pesant sur les uns et les autres. Mais au moment de prendre l'avion de retour, il aurait eu quelques difficultés avec les autorités congolaises[1].

Comme un entomologiste, Arthur disséquait les avocats, les étiquetait, les clouait dans sa boîte. Ses appréciations sur mon utilité possible dans l'affaire, très mitigées — j'appartenais au réformisme bourgeois mais je bénéficiais de l'aura de l'aventure anticolonialiste et tiers-mondiste —, me parurent typiques du gauchisme. Comme étaient conformes les tentatives de théoriser à partir de la situation congolaise (internationalisme) et de glorifier « la bande des quatre » comme d'authentiques révolutionnaires. L'épisode du chèque de Mobutu encaissé par Paule D. et remis à Ange Diawara ? Soutenir que son origine était inconnue, que la somme était dérisoire, vu les besoins du maquis, etc.

Les voyages à Kinshasa ? Indispensables, pour l'information sur une société dans laquelle on enseigne... Arthur avait réponse à tout et ses textes, que nous lisions et commentions lors de mes visites aux quatre Français, semblaient revêtus d'une autorité papale.

L'étrangeté de ma situation ne m'échappait guère. Je transmettais des textes — que je remportais par

1. J'avais aussitôt appelé mon confrère Henri L. Confirmation de ces difficultés. « J'essaie de remuer ciel et terre pour le sortir de là », m'avait-il dit. Et recommandé la plus grande prudence si je décidais d'aller à Brazzaville.

mesure de sécurité — qui m'accommodaient — comme les autres avocats — à plusieurs sauces. Seul critère : l'utilité à la cause. Seul moyen : l'utilisation cynique, avouée. Je ne saurais donc parler de manipulation, tout se disait, s'écrivait à découvert et j'en avais clairement connaissance.

7
Les visiteurs du soir

Je viens de terminer la relecture de ces propos en attendant la visite annoncée des émissaires du président. Il est vingt-trois heures. Levée à six heures, accablée par la chaleur et le brusque déraillement des négociations, j'ai hâte de trouver quelque repos. Il est presque minuit quand je reclasse mon dossier, prends une douche très froide et, sans même me sécher, me jette sous ma moustiquaire. « Ils » ne sont pas venus au rendez-vous annoncé par eux. « Ils » préparent un mauvais coup contre mes coopérants.

Malgré leurs silences, leurs réserves, quelquefois même leur méfiance à mon égard, je veux que ces Français quittent leur prison. Je veux me battre pour eux. Une fois remis dans leur contexte normal, en France, ils réviseront leurs paramètres, c'est sûr. Je ressentais bien, ici ou là, quelques petites blessures d'amour-propre. Mais la liberté de militants gauchistes — même fourvoyés dans une mauvaise analyse — valait son prix. Je me savais prête à continuer jusqu'au bout mon combat pour eux.

Certes, j'étais loin de cet état quasi fusionnel vécu lors des grands procès pour l'indépendance de l'Algérie ou, par exemple, avec la jeune Marie-Claire Chevalier — et ses « complices » — dans le procès historique de l'avortement, le procès de Bobigny.

Mais la sincérité, le courage, la solidarité à l'égard du peuple congolais des « quatre » demeuraient, pour moi, exemplaires. Et je les voulais libres, dans une dignité retrouvée.

Je ressasse. Un nouveau plan de sauvetage, un deuxième entretien avec N'Gouabi... Je finis par m'endormir. Des bruits de pas, de voix dans ma chambre. Un meuble que l'on heurte, un juron. Je me redresse, allume la lampe. « Maître Gisèle Halimi ? Nous sommes là ! » Deux hommes, presque au pied de mon lit mais le regard tourné vers le fleuve, veulent me parler. Il est minuit trente. Le président de la Cour suprême vient au rendez-vous convenu, accompagné par le ministre des Affaires étrangères. L'heure ne compte pas au pays de la Révolution. Je saute hors du lit et, ne trouvant sous la main que ma grande serviette de bain, je m'en enveloppe soigneusement. Les épaules nues, sous cette latitude, ne choquent pas.

« Je vous ai attendu pendant deux heures, monsieur le président... » Présentations, excuses. « Nous étions en discussion avec le bureau politique... », précise le ministre Ganao. On s'installe dans les fauteuils de rotin.

M. Assemekang, président de la Cour suprême, mène la discussion. L'échange est dur, tourne par moments à l'affrontement. Ces aventuristes ont donné de l'argent, des armes au maquis. Quel gouvernement, dans le monde, accepterait de tels crimes sans réagir, sans réprimer ? « Notre indépendance », martèle le haut magistrat, « ne s'accommodera pas de cette forme de néo-colonialisme criminel. Les Français sont des étrangers, aujourd'hui. » Il renverse du revers de la main le cendrier. « Le peuple congolais n'entend pas se laisser manipuler par des idées trotskistes ou maoïstes venues d'ailleurs... »

Difficile d'interrompre, d'expliquer. Le ministre, presque toujours silencieux, tente, de temps à autre, d'adoucir l'avalanche répressive par « la camarade Gisèle doit comprendre... » ou « ce n'est pas la même chose qu'en Algérie, où des Français comme vous ont aidé à l'indépendance... ». Il reprend quelques mots, substitue erreur à crime, fait allusion au dévouement de la militante. N'importe. Nous sommes en plein clash. En langage politique, on titrerait « Rupture totale des négociations... ».

Je n'en veux pas, je m'accroche, m'entête. « Il doit y avoir un moyen d'éviter les explications d'un procès. Certaines pourraient surprendre... »

J'évoque les tortures alléguées par les Congolais, le dossier-fouillis, les pièces manquantes, l'absence d'un avocat à l'instruction... Le président Assemekang n'en démord pas. Il faut un procès. Public, radiodiffusé, télévisé, pédagogie politique oblige pour les Congolais. Les peines ? Pour les Français, là n'est pas l'essentiel. Je comprends que la mise en scène doit s'accomplir mais que les Français peuvent ne pas être condamnés. Les conditions ? « Une autocritique publique, complète... » Le ministre précise « ...limitée à leurs actes... Ils n'ont pas à attaquer nos institutions, notre gouvernement... ». Proposition qui humilie et ravale les accusés au rang de pauvres irresponsables. Inacceptable. « Ils peuvent reconnaître leurs erreurs mais doivent auparavant expliquer leurs motivations, leur amour du peuple congolais… »

Le ministre fait un signe. Il est près de deux heures du matin. Toujours entortillée dans ma serviette, je raccompagne mes visiteurs du soir.

8

En sortir « la tête haute »

Samedi 7 avril. Huit heures. Bâtiment de l'état-major. Face à moi, le bureau politique. J'ai l'impression de comparaître devant des juges. Le bureau politique au complet, m'avait-on répété en haut lieu. Or le plus illustre de ses membres, le président de la République, est absent. Pourquoi ? Ses occupations de président de la République, me répond N'Zé, agacé.

Sur la table, un amoncellement de papiers, de dossiers. L'affaire prend un tour plus sérieux parce que procédural. Le durcissement de l'entretien de la veille se creuse, se structure. Le ton n'est plus à la camarade Gisèle ni à l'évocation de hauts faits du FLN algérien. À ce propos, une seule allusion sera faite : Layachi Y., ami ministre algérien, aurait exprimé son souhait d'une solution négociée.

À tour de rôle, Lopès, N'Zé, Poungui et N'Gouoto interviennent pour me rappeler qu'ils sont les maîtres du jeu.

Le procès aura donc lieu. Aucune de mes allusions sur les violences ou les insuffisances de l'enquête ne les embarrasse. Les tortures ? Le président N'Gouabi, pour faire un exemple, a rossé publiquement un militaire convaincu de violences contre de jeunes étudiants. Que vouloir de plus ?

La ligne politique controversée ? N'Gouabi y a répondu par avance dans son discours du 23 février 1973. Marx, Lénine et Mao à l'appui, il a dit que son gouvernement était déterminé « à construire le socialisme, que les menaces de crise économique seront jugulées et que les fonctionnaires par trop privilégiés seront privés de voiture de fonction et de primes ».

Les Français ne s'immisceront pas dans le déroulement du procès fait aux Congolais. Les Congolais jugeront les Congolais. Et appliqueront les lois congolaises.

Les Français seront aussi jugés. Et condamnés. Ils ne pourront espérer une expulsion à l'issue du procès que s'ils se livrent à une autocritique publique, et, donc, reconnaissent leurs erreurs. Sans pour autant s'attaquer au régime congolais, m'est-il rappelé.

L'entretien — deux heures — se déroula sans aménité de part et d'autre. On était passé brusquement de l'ère de la négociation à celle des hostilités.

*

Vers seize heures, petits coups discrets à la porte de ma chambre. Agréablement surprise par cette précaution inhabituelle (dans cet hôtel), je vais ouvrir. Henri Lopès, membre influent et agissant du bureau politique. Il entre dans le vif de son message en me transmettant quelques précisions sur les bases de l'autocritique exigée. Je remarque qu'il paraphrase la décision collective de ce matin. J'en déduis donc qu'un fait nouveau, ou peut-être une réflexion plus approfondie sur les conséquences de ce procès dans les relations internationales, modifie — en faveur des Français — le rapport de forces. Sinon, pourquoi serait-il venu jusqu'ici pour me redire ce que je savais déjà ? Je ne circonscris pas le fait nouveau mais j'en profite pour rappeler, à mon tour, les conditions d'un accord.

Ou le procès a lieu, et les accusés et moi-même exprimerons librement nos critiques. Nous dénoncerons les tortures, la procédure, etc. J'assurerai la défense des « quatre » et souhaite donc avoir le temps de la préparer.

Ou le procès n'a pas lieu pour les Français et ils seront aussitôt libérés et autorisés à quitter le pays. Ils sont toujours prêts à faire la déclaration déjà remise au bureau politique.

Leurs camarades congolais, s'ils sont jugés, doivent bénéficier des droits de la défense en usage dans tout pays démocratique : choisir leurs avocats, y compris dans le barreau parisien, pouvoir s'exprimer complètement et librement. J'évoque, aussi, la possibilité de faire suivre le procès par des observateurs.

Mon interlocuteur se lève. Il semble pressé de rapporter notre entretien. Entretien nettement moins tendu que lors de ma « comparution » ce matin devant le bureau politique.

Lopès parti, je file à la maison d'arrêt. Pendant plus d'une heure, on élabore à cinq la ligne de défense du procès, sous tous ses aspects. Mais la libération des quatre reste d'actualité. Je suis donc chargée de régler les formalités : passeports, laissez-passer…

Il est près de dix-neuf heures et je me rends directement à la villa occupée par Layachi Y. Il a tenu à ce que je participe à un dîner officiel auquel sont également conviés N'Zé et Lopès. Procédé transparent. Nous sommes tous trois conduits dans une petite pièce. Les responsables congolais me tendent leurs propositions d'amendement à mon texte. Adoucissement net dans les données radicales de la matinée. Je leur remets deux petits dossiers manuscrits que j'ai rédigés entre nos entretiens. « En cas de procès » et « Expulsion sans procès ». Pendant le dîner, l'ambassadeur d'Algérie et le ministre Y. évoquent l'Algérie, les tribunaux militaires, les procès plaidés. Par ce biais, ils laissent entendre, en substance, que l'intervention de la camarade Gisèle ne peut, objectivement, nuire à un peuple qu'elle a aidé dans sa conquête de l'indépendance. Ni nuire aux peuples frères, comme celui du Congo, au devenir socialiste.

*

Dimanche 8 avril. Nouvelle visite à la maison d'arrêt. Pendant deux heures, nous travaillons sur deux hypothèses : procès ou expulsion. J'ai rapporté les pièces du dossier en ma possession, mes notes, ma liste de questions. Les deux Paule manifestent une grande agilité intellectuelle. Elles acceptent assez courageusement l'hypothèse que, pour avoir la « tête haute » pendant le procès, il faudra payer. Des années d'emprisonnement dans les conditions précaires des maisons d'arrêt du Congo. Combien ? Elles ne veulent pas y penser. Les deux Bernard, calmes, rationnels, cherchent l'argumentation qui leur vaudra une peine plus légère.

Je dois rentrer à Paris en début d'après-midi. Comme toujours au moment du départ, je ressens un peu d'angoisse. Je laisse aux mains de leurs geôliers des femmes et des hommes dont je me sens responsable. Mon émotion n'est guère communicative. Les « quatre » sont de vrais soldats de l'internationalisme pour lesquels ces signes doivent être des simagrées bourgeoises. Je les embrasse — autre simagrée — et repars vers l'hôtel.

À mon arrivée au Beach, je trouve la secrétaire d'Henri Lopès. Son message : le procès aura lieu. Date probable le 13 ou le 14 avril.

Je proteste et lui remets le mémorandum manuscrit que je viens de rédiger en trois points :

1) Le procès : si l'on tient à respecter les droits de la défense, me donner un délai suffisant pour le préparer.

2) Le dossier de l'affaire : il est incomplet. Prière de bien vouloir y verser la trentaine de procès-verbaux qui y manquent encore.

3) Enfin, si par extraordinaire intervenait entre-temps la libération des Français, ne les conduire en aucun cas à l'ambassade de France. Ils s'opposeront à une mesure d'expulsion par tous les moyens, s'il était passé outre à leur demande.

Ils ne voulaient à aucun prix que l'ambassade et le gouvernement français soient mêlés à leur affaire. Ni dans l'essentiel, ni dans les détails d'organisation.

Ils avaient reçu en prison la visite du consul, mais ne s'étaient confiés en rien. J'avais moi-même refusé tout net à mon arrivée — je l'ai dit — l'offre de l'ambassadeur d'être logée à la Résidence et de profiter ainsi, pour mieux remplir ma mission, de l'infrastructure des bureaux. Arthur le Libanais m'avait chapitrée sur le sujet. Je voulais, avant même de les connaître, qu'entre mes clients politiques et moi ne se glisse aucun grain de sable qui enrayerait un processus de confiance.

*

La secrétaire partie, je boucle ma valise, range mes dossiers dans ma sacoche, règle ma note et pars pour un déjeuner rapide retrouver les amis-camarades de mes camarades-clients. Alors que certains de leurs écrits et de leurs propos mettent en cause mon intervention d'avocate, ils sont ce jour-là amicaux, chaleureux. Ils comptent sur moi pour le procès, attendront mon retour avec impatience. Ils me remettent quelques lettres et messages à poster à Paris et m'emmènent à l'aéroport de Maya Maya.

J'arrive à Paris en début de soirée, ce dimanche 8 avril.

9

« Impérialisme international en général, français en particulier »

Le procès est fixé : 16 avril et jours suivants. J'avais tenté, dès le lendemain de mon retour à Paris, d'appeler le président N'Gouabi. Je voulais sonder l'état d'esprit de ceux qui allaient juger les coopérants. Sur la ligne directe que N'Gouabi m'avait donnée aux bons moments de notre entretien, un officier répète, comme en boucle, que le président est absent.

C'est Lopès lui-même qui m'appelle quelque quarante-huit heures plus tard, du siège du bureau politique à Brazzaville, me précise-t-il. Et m'annonce la date retenue pour le début des débats. « Ils sont prévus pour durer jusqu'à quand ? — Tout dépend de l'attitude de vos clients, maître. » Courtois, il m'indique qu'aucun renvoi ni discussion préalable ne sont envisageables. Je m'accroche. Je veux continuer à négocier, éviter affrontements et meurtrissures. Toujours courtois mais ferme, Lopès refuse. « Nous verrons, au cours des audiences… D'ailleurs, c'est moi qui présiderai la Cour révolutionnaire… » Et Pierre N'Zé soutiendra l'accusation. Deux informations hautement significatives. Les titulaires ont été remplacés, au dernier moment, par deux membres éminents du bureau politique. Difficile d'exprimer plus clairement la volonté des dirigeants congolais de se livrer — et de livrer les accusés — à un procès purement politique.

*

Je m'envole de nouveau vers Brazzaville.

Quelques jours après les avoir quittés, je reprends donc les chemins de la prison, du greffe de la Cour… Cette fois-ci, je puis m'installer confortablement à l'hôtel Cosmos, plutôt fréquenté par les Européens. Ma chambre lumineuse et cernée de verdure donne de plain-pied sur un gazon à la fraîcheur insolite.

Arthur le Libanais, l'incomparable maître d'œuvre des événements, m'avait rendu visite à plusieurs reprises à Paris. Remis des papiers décrivant « la ligne politique » qui pourrait se résumer ainsi : revendiquer ses responsabilités mais ne pas justifier le voyage à Kinshasa, ni l'encaissement du chèque pour achat d'armes (ignorance des sources…), « s'en sortir et limiter les dégâts côté camarades soldats et lycéens sont des objectifs d'égal [*sic*] importance… Il faut marier les deux… ».

Ce dont Arthur ne m'entretint guère, c'était le plan d'utilisation de Halimi qui « n'a pas de position claire… C'est un avocat utile car anti-impérialiste… mais le danger est que les autorités congolaises lâche [*sic*] du lest à cause d'elle et accepte [*sic*] de considérer les Français comme des "camarades" et sabre [*sic*] les Congolais (argument : nous sommes chez nous) ». Ces quelques commentaires venaient du groupe français de Brazzaville qui avait échappé à l'arrestation et soutenait (matériellement, logistiquement) les détenus.

J'ai donc su assez tôt que je devais être instrumentalisée aux fins politiques arrêtées par les gourous en liberté. Le gauchisme s'est toujours servi, aux moments choisis par lui, de la gauche.

En m'entretenant avec mes clients la veille du procès, je vais droit au but. Je veux bien servir mais selon ma stratégie. D'abord je demanderai la disjonction de leur cas d'avec les autres accusés. Ils reconnaîtront, ensuite, à la fois leur engagement politique et leurs erreurs. Ils auront ainsi la faculté de s'étendre sur leurs motivations. Leurs pages d'honneur militant. Entre-temps, j'irai de la défense (à l'audience) à la négociation (dans les cabinets des juges et des responsables politiques).

Les deux Paule renâclent — « et les camarades congolais ? ». J'interviendrai pour qu'ils aient toutes nos garanties mais nous ne pouvons exiger plus.

Les deux Bernard, plus ouverts, plus lucides surtout sur les conséquences de leur attitude à l'audience, demandent des précisions. Difficile de planifier plus loin. « Nous aurons la possibilité de nous concerter tout au long des débats. J'en ai averti Lopès. »

*

16 avril au matin. Ma première pensée au réveil, un peu hors contexte : Jean-Yves a vingt et un ans, aujourd'hui. Mon fils aîné devient majeur[1]. En me

1. En 1973, la majorité en France était encore à vingt et un ans.

dopant au café dans ma chambre très climatisée, j'ai une pensée pour les parents des accusés. Confrontés, sans doute, à la même énigme. Les choix de leurs enfants. Comme tous les autres, ils leur échappent. Leur autonomie intellectuelle finit par se muer en étanchéité. Difficile même de communiquer. Le père d'une des Paule n'avait-il pas déclaré à la presse qu'il ignorait tout des faits qui étaient reprochés à sa fille ? N'avait-il pas remercié publiquement notre ambassadeur à Brazzaville qui leur était « d'un si précieux secours » ? Ce même ambassadeur dont sa fille refuse le soutien, le contact, les messages. Partie intégrante du système, il en est le symbole même.

J'arrive bien en avance au Palais de Justice, où siège la Cour. Les juges révolutionnaires conversent dans une arrière-salle. Je frappe et entre. S'abat brusquement un grand silence. Le président Lopès vient à ma rencontre et me présente. Des poignées de main rapides. Je note la présence de deux femmes. Antoinette Packa, membre du Comité central, et la camarade Odile Kounongous[1]. Mes mots se perdent dans le brouhaha qui monte de la rue, je demande au président son plan des débats. Les juges s'écartent un peu pendant que Lopès lit mes conclusions de demande de disjonction. « Vous voulez donc que l'on commence par vos clients ? Mais je procéderai à l'interrogatoire de tous avant de vous répondre... »

1. Aux termes du Décret du 28 février 1973, la Cour se composait de neuf membres titulaires : outre les deux femmes, des membres du Conseil communal ou des syndicalistes du PCT. Le président, Obani Itou, a été remplacé brusquement par Henri Lopès et le Commissaire du gouvernement désigné, par Pierre N'Zé, tous deux membres du bureau politique.

Si ma demande est accueillie, les Français seront jugés seuls et avant que soient abordés les responsabilités et le sort des Congolais. « Nous verrons à l'audience... La Cour décidera... » Lopès, légèrement crispé, m'entraîne vers la sortie.

La salle, vide à mon arrivée, déborde... La foule, installée sur des bancs, se perd dans le vestibule, sur les marches, sous les murs du bâtiment.

À droite, en entrant, le long du mur, une quarantaine d'accusés congolais, entassés, sur des sièges et bancs rudimentaires. Au premier rang, les Français, plus à l'aise. Au mur, des banderoles flétrissent le néo-colonialisme, l'impérialisme... Sur l'un des calicots : « À l'étape de la Révolution nationale, démocratique et populaire, la contradiction principale est [celle] qui oppose le peuple congolais à l'impérialisme international en général, français en particulier. » C'est sous cette inscription que, stoïque, le consul de France suivra de bout en bout les débats.

Je rapporte à mes clients mon entretien. Visages tendus. Normal, l'incertitude et la contradiction brouillent la « ligne ». « La Cour révolutionnaire ! » Sur la longue estrade du fond s'installent, autour d'Henri Lopès, les juges. À gauche, face aux accusés, Pierre N'Zé, faisant fonction de Commissaire de gouvernement. La lecture de l'acte d'accusation rappelle les faits, les voyages à l'ennemi, les fonds remis à Diawara, les armes... Et insiste sur la volonté des accusés de « discréditer les institutions afin de parvenir à un mécontentement devant déboucher sur un soulèvement populaire ». Par quel moyen ? La diffusion du fameux document d'autocritique de

Diawara, « M 22 », et des tracts rédigés par les professeurs français.

En définitive — avec leurs complices congolais —, ils étaient poursuivis pour association devant préparer à une rébellion, et pour complot ayant pour but de renverser le gouvernement et les institutions en place.

La chaleur, à son paroxysme à cause des projecteurs, plombe le prétoire. Bien que le mur donnant à l'extérieur soit construit à claire-voie, pas un souffle ne diminue l'opacité de l'air. Ma robe d'avocate pèse son poids d'épaisse laine noire et, malgré mes vêtements tropicaux, me donne la sensation d'étouffer.

Les débats devaient être retransmis en direct à la radio et à la télévision nationales, les journaux l'avaient annoncé. Je demande la parole dès l'ouverture. Il faut disjoindre le cas des Français et les juger d'abord, car leurs mobiles, leurs responsabilités et les décisions éventuelles les concernant ne sont pas communs au groupe des autres. Je laisse entendre qu'une « solution spécifique » permettra peut-être à la justice d'être bien rendue. Délibéré, long délibéré. La Cour revient : sursis à statuer. Et, précise le président, l'interrogatoire de tous les Congolais aura lieu en même temps. « Les implications des uns avec les autres doivent être claires... » Paule F., au moment de la décision, regarde fixement le sol. Les autres se taisent, comme gênés.

Pendant la suspension qui suit, je leur explique que seul ce moyen de droit permettra de progresser vers notre but : l'expulsion. Pour cela, et aussi pour l'honneur, aucune condamnation ne devra être prononcée contre eux.

L'après-midi, coup de théâtre. La place des « quatre » sur leurs bancs reste vide. Incident. Je proteste avec vivacité, un rien excédée. Tout est toujours à faire, refaire, dire, redire, convenir, rediscuter…

Le président argue du fait que seuls les Congolais devaient s'exprimer. Et alors ? N'y a-t-il aucune connexité, aucun lien entre les actes des uns et des autres alors que lui-même soutenait le contraire, au début de l'audience ?

Rivé à son bureau, une oreille tendue vers la radio, un œil sur la télévision, notre ambassadeur compte les coups. Assis dans le public, le consul, assidu, impassible, entend ses voisins commenter les banderoles anti-françaises.

Ce matin, nos professeurs accusés se sont faits eux-mêmes accusateurs du racisme existant du fait des Français au Congo d'aujourd'hui… L'un d'eux, Bernard B., a expliqué sa révolte devant l'existence de deux files distinctes de clients à la boucherie de Pointe-Noire, les Noirs et les Blancs… J'ai cru que la Cour, comme fascinée par l'exposé, allait remercier — qui sait, même féliciter — celui qu'elle voulait condamner pour trahison…

10

Camarades juges, camarades accusés, camarade avocate…

Les Français, le lendemain, reprennent leur place à l'audience.

Ils s'expliquent, à leur tour, sur leurs actes et expliquent le Congo tel qu'ils l'ont vécu. Et tel qu'ils l'ont rêvé. D'où leurs engagements, leurs actions… (Éluard : « Il ne faut pas voir la réalité telle que je suis… ») « Des actions criminelles, vous le savez ! » interrompt le président.

Mauvaise journée, marquée par un durcissement certain.

J'ai fait trois ou quatre va-et-vient entre l'arrière-salle des juges pour m'entretenir avec Lopès, pendant les suspensions d'audience, et mes Français. À la main, la « déclaration » qu'ils doivent signer. Prix à payer pour qu'aucune condamnation ne soit prononcée contre eux et signifiée l'expulsion.

En clair, pour qu'ils retrouvent la liberté. Et l'impunité. Et c'est là que le bât les blesse. Ils discutent de phrases et mots largement débattus et acceptés, me renvoient à mes pourparlers. Lopès fait de même, intransigeant. « Ou ils sont condamnés comme les autres et subissent leur peine, ou ils reconnaissent publiquement leurs erreurs. »

Deux points névralgiques dans la négociation. Les accusés congolais : les « quatre » souhaitent, nous souhaitons tous, que des garanties leur soient données quant à leur libre défense. J'ai ajouté « mansuétude ». Cela me vaut un rappel cinglant sur le droit des Congolais à juger leurs nationaux.

Les erreurs des « quatre » : le pas n'a pas été franchi. Ils parlent largement (et bien) de leurs motivations mais la journée va s'achever sans que le moindre *mea culpa* n'ait été même esquissé.

Nous basculons dans l'atmosphère de tous les dangers.

Je demande la parole. Quelques observations se greffant sur des propos du président. Et le livre de Lénine à la main, je tente de démontrer que les actions gauchistes dans un pays qui se veut marxiste sont inséparables de sa vie, de sa dynamique de progrès. Que qualifiées de « maladies infantiles », elles conditionnent l'incessante dialectique de la critique/autocritique. Que mes clients ont engagé leur savoir et leur avenir même dans un total désintéressement, par amour du peuple congolais qu'ils voulaient contribuer à former…

« Nous allons en délibérer », décide d'une manière surprenante le président, en entraînant l'aréopage derrière lui. Délibérer sur une observation ? Délibérer sur Lénine et le bien-fondé de sa doctrine ?

C'est pourtant bien sur ce dernier point que porte le conciliabule des juges.

De retour une demi-heure plus tard, le président, avec solennité, fait d'abord remarquer que tous les

Congolais nous écoutent et nous voient, et qu'il faut que soit complété mon propos sur Lénine. Il a coché quelques passages du livre *La Maladie infantile du communisme* que je lui avais remis avant le délibéré. Une discussion idéologique, purement abstraite, et opposant des interprétations différentes de textes politiques connus, nous occupe une autre bonne demi-heure. Le Commissaire du gouvernement s'en mêle activement. Des juges interviennent. On allait presque oublier les dangers du complot reproché aux accusés pour ne penser qu'à Lénine et à l'opinion d'un peuple que l'on risquait de circonvenir politiquement.

Fin de la journée. Le président me fait un signe discret. Je le rejoins. « Nous devons en terminer cette nuit avec la "déclaration". Vos clients veulent toujours regagner la France ? »

*

18 avril 1973. Troisième jour d'audience. La veille, jusqu'à une heure avancée, je suis restée auprès des Paule et des Bernard, à la prison. Ils ont épluché chaque mot de la « déclaration » qu'ils devaient lire. À quel moment ? Rien n'est encore décidé. Sans doute quand l'ultime question : « Avez-vous quelque chose à ajouter pour votre défense ? » leur sera posée. Si elle est posée…

Une page à peine. Le sort des Congolais achoppe toujours. La formulation de la reconnaissance de l'« erreur » n'est pas au point non plus. L'unanimité entre les quatre se fissure, les Bernard font preuve de plus de réalisme politique que les Paule…

Un peu lasse, je commence à envisager l'échec de ma mission. On ne peut gagner la liberté des autres sans eux, contre eux.

L'audience s'ouvre sur la suite des interrogatoires. Paule F., *alias* « Banzouzi », avec une grande clarté, explique son engagement au Congo. Il est pour elle le moyen de lutter contre la bourgeoisie française, contre le pouvoir de l'argent, ici et là-bas. Évoque son passage au maquis de Goma Tsé Tsé. Et son voyage à Kinshasa, ses contacts avec les principaux accusés Pierre Eboundit, Jean-Clément Kangou et Marcel N'Gatsoua. Voix frémissante, maintien courageux, regard droit dans celui du président. Qui la questionne adroitement.

Qu'est-ce qui pouvait la convaincre de la sincérité de Diawara, et de son autocritique ? Quelle était la véritable cible de ce complot ? « Les intentions profondes de Diawara, je ne les connaissais pas », répond l'accusée, contrainte malgré elle de reconnaître qu'elle pouvait avoir été abusée… Quant à l'objectif visé, ce n'était pas le pouvoir lui-même mais l'OBUMITRI qui sacrifiait la jeunesse et les masses paysannes à ses intérêts.

Le président, directif, mène son audience. Pas le moindre signe dans ma direction. Quand mettrons-nous au point l'accord définitif ? En cours d'audience, cette nuit ? Et pourquoi cette insistance dans les interrogatoires, ces interruptions où il s'adresse directement « au peuple congolais qui nous écoute… » pour souligner la gravité des actes des uns et des autres.

Au tour de Paule D., *alias* « Bantsiba ». Elle s'avance, très droite, vers la Cour. Avec beaucoup de dignité, elle revendique ses responsabilités. « Trésorière du réseau ? — Oui, dit-elle, mais je veux m'expliquer. » Surprise, quand elle affirme : « Je ne suis pas révolutionnaire. » Scepticisme, quand elle déclare ignorer l'origine du chèque de trois millions de francs CFA qu'elle encaisse pour le compte de Diawara. « Le peuple doit reprendre confiance en lui », assure-t-elle. Elle insiste sur sa solidarité avec les accusés congolais, « s'ils doivent être condamnés, alors nous devons l'être aussi ». Véritable défi. Schéma inverse de notre projet.

Des lycéens en contact avec elle sont brièvement interrogés avant que Bernard Q. soit prié de répondre. En fait, il n'était accusé que d'avoir détruit l'agenda de Paule D. après son arrestation. Destruction de pièce à conviction « probablement riche en enseignements », ajoute Lopès.

Bernard Q. reconnaît les faits, dit avoir agi sans avoir prémédité son acte, impulsivement, pour protéger son amie. Affirme ne pas l'avoir ouvert ni lu.

Bernard B., le plus ancien des quatre, arrivé au Congo en 1968, précise ce qui vaut pour tous. C'est en tant que révolutionnaires marxistes-léninistes qu'ils ont été recrutés comme professeurs au Congo. « Le contenu des programmes pour l'élève n'est pas une simple affaire pédagogique. L'élève, dit-il en citant un gouverneur général de l'AOF, est un moyen de la politique indigène. »

Suspension d'audience avant le réquisitoire et les plaidoiries.

11
« Le nègre n'est pas apte au socialisme... »

Un semblant de brise tempère à peine la chaleur de l'après-midi. Il est dix-neuf heures. Le Commissaire du gouvernement a la parole pour ses réquisitions. Il se lève. C'est un petit homme carré, râblé.

Exposé qui surprend d'abord par son classicisme. Voire par sa banalité. Considérant les faits criminels comme établis, il résume les charges pesant sur chacun des Français. Pierre N'Zé parle fort, ses yeux, un peu exorbités, rougeoient (nous apprendrons qu'il est alcoolique), il désigne les accusés d'un doigt agressif quand il égrène leurs forfaits.

Dans la salle, de temps à autre, remous et exclamations devant l'étendue, sans doute, de la trahison.

Même Bernard Q. n'échappera pas à sa vindicte. Un agenda détruit, un simple geste irréfléchi ? Le Commissaire du gouvernement ricane. C'est sciemment et pour égarer l'enquête que l'accusé a commis ce forfait. Tous ces actes sont, pour lui, d'une gravité certaine mais il ne s'oppose pas à la disjonction de ces quatre cas d'avec l'ensemble des prévenus. Mon regard croise celui du président. Je respire. Les Français ont compris mais, à part Bernard Q. qui esquisse un hochement de tête, ne bougent pas. Le Commissaire du gouvernement termine en reconnaissant le courage et la « disponibilité » [*sic*] des accusés qui ont pourtant choisi la voie (criminelle) du complot. Conclusion boiteuse, ou plutôt absence de conclusion concrète.

Il est vingt heures. N'Zé se rassoit. Curieux réquisitoire, incomplet. L'accusateur attendait sans doute son heure.

Le président Lopès se cale dans son fauteuil, se tourne vers moi. La défense a la parole.

Je ramasse mes cotes de plaidoirie[1]. Artisanales, manuscrites, aux mots encerclés de rouge, écrites à la main, la veille, durant la nuit, faisant masse des audiences de ces trois jours, surchargées par quelques signes après le réquisitoire.

Mon plan tenait de la plus grande simplicité. Commencer par relever le jeu de rôles insolite de ce procès. Accusés, juges et même avocats se mettaient en place comme dans une mise en scène judiciaire classique. Alors que tous étaient des « politiques », que le seul critère de toutes les actions — y compris celle de juger — relevait du même but : donner au peuple congolais les moyens de sa libération. À l'indépendance congolaise, son seul sens : le combat contre la mainmise de l'argent de l'étranger.

1. Cotes de plaidoirie : petits dossiers classés dans l'ordre de l'argumentation à l'intérieur desquels sont éventuellement placés les pièces et documents nécessaires à la démonstration de l'avocat.

Je montre alors du doigt l'un des gigantesques calicots qui tapissent la salle. « Face à l'oppression, à la domination et au pillage de l'impérialisme, les forces vives du pays, le peuple et le Parti, œuvrer dans l'unité. » Évocation au sein de cette « communauté » que nous formions dans ce prétoire des faits ramenés à leur juste proportion. Le maquis ? Aucun coup de feu tiré par les maquisards contre les forces de l'ordre. Activité essentielle : éduquer politiquement les paysans.

L'alternative ne laissait pas place à une autre option. Ou dénoncer violemment la comédie grotesque d'un règlement de comptes politique, d'une cérémonie de justice à des fins « pédagogiques pour le peuple congolais ». Ou souligner les liens idéologiques — tous ne se réclamaient-ils pas du marxisme-léninisme ? — qui créaient entre justiciers et délinquants une complicité objective.

En somme, plaider le malentendu au sein d'une même famille. C'est ce que j'avais choisi. Ainsi, j'appelais les membres de la Cour « camarades juges » et Pierre N'Zé « le camarade Commissaire du gouvernement ». En retour, j'acceptais volontiers que l'on me donnât plus souvent du « camarade Gisèle » que l'habituel « maître Halimi ». J'y glissais, à leur bonne place, « les camarades accusés ». L'atmosphère, ainsi créée, me semblait plus favorable à notre négociation.

Quand j'évoque donc, cas par cas, les « méfaits » des professeurs français, je reviens constamment, comme par un leitmotiv, aux fondements de l'affaire. Je balaie l'accusation de complot maintenue contre Bernard Q., celui que la presse du Parti traite sottement de « véritable canaille anarchisante ». (Que lui reproche-t-on ? Ce qu'il qualifie lui-même de « geste stupide », de s'être débarrassé, sans réfléchir, de l'agenda de Paule D.)

Je m'appesantis sur les charges relevées contre les deux femmes. Paule F., comment était-elle arrivée au Congo ? Qui l'avait recrutée, après s'être assuré de ses qualités politiques ? Qui lui avait même demandé, après son accord, de présenter d'autres candidats à la coopération, avec le même profil ? Un temps. « C'est le camarade Henri Lopès, membre du bureau politique, en mai 1971, à Paris... Vous-même, monsieur le président. » Je savoure l'effet. Un mouvement de plaisir fait ondoyer les deux femmes. Je reprends. Pour m'insurger contre les obscénités allusives et diffamations grossières répandues dans *Etumba*, journal officiel du PCT (Parti Congolais du Travail). Je lis, scandant chaque mot : « Mieux, les deux Françaises passaient leurs nuits, lors de leur séjour à Kinshasa, Paule D. avec Diawara et Paule F. avec N'Gatsoua. C'était, en tout cas, la "révolution prolétariennement sexuelle..." Après tout, nous dira-t-on, on ne peut s'en passer dans la lutte ! Pourquoi pas ? Il fallait bien qu'ils s'unissent pour mieux mener la lutte sur le terrain. Les réalités du pays, n'est-ce pas ?... Et des bouches du métro parisien, on crie à la liquidation des "révolutionnaires français et congolais" quand on nous exporte la prostitution sous le couvert de la lutte contre le racisme, pour le néo-colonialisme sentimental... »

Voilà, camarades, un échantillon de cette littérature nauséabonde ! Je brandis le numéro 284 à la suite du numéro 282 d'*Etumba*. Je lis : « Que des petites Françaises aient envie, au nom de l'exotisme, de connaître la campagne congolaise, c'est une bonne chose, qu'elles aient, en outre, envie d'y avoir des aventures de toute nature, jusques et y compris le plaisir d'y frayer avec un aventurier, ne nous gêne nullement. »

Je dénonce le procédé. Vulgaire, réactionnaire, classiquement de droite. Digne de *Minute*, en France, ou de ceux qui, par exemple, me traitaient, pendant la guerre d'Algérie, de putain du FLN et autres injures sexistes. Sur ma lancée, sur mon indignation, je tente de démontrer l'authenticité politique, morale des actes des deux femmes. Des femmes émues par la situation des femmes congolaises. En majorité appartenant au monde rural du pays, celles-ci étaient maintenues dans le sous-développement. L'enseignement dispensé se limitait à l'éducation ménagère, la puériculture, les travaux agricoles. Ce qui assurait de plus fort le pouvoir masculin sur elles.

Paule D. et Paule F., les théoriciennes, les courageuses, les pures. D'admirables militantes que leur engagement aura menées sur des chemins de traverse... Je me tourne alors vers elles. Un instant, un court instant, leur regard exprime un élan, une émotion, cette confiance fusionnelle dont m'ont toujours gratifiée ceux que je défendais. C'est surtout pour ces deux femmes que j'ai accepté de plaider ce dossier...

Le cas de Bernard B., catholique dont la générosité l'a conduit au marxisme-léninisme, paraît alors bénin. Une lettre à Paule F., un travail de recherche, de réflexion, ne connaît pas Diawara, n'est jamais allé au maquis...

Ma conclusion tout naturellement reprend le début de mon propos. En fait, ce procès est celui du gauchisme. Ces Français qu'*Etumba* appelle « les cinq illuminés » (Alain B., le cinquième, avait — on le sait — été mis hors de cause) ne sont ni des romantiques, ni des irresponsables. Mais des militants engagés par une haute idée de l'internationalisme prolétarien. Lier les luttes du monde, se sentir concerné par tous les mouvements populaires quel que soit leur lieu, combattre ici et partout le doctrinalisme de droite, voilà le tissu idéologique de leur action. Je monte d'un cran dans le ton, un brin théâtrale. « Camarades, ne tirez pas sur des camarades ! » et demande que la Cour ordonne, dès ce soir, la libération des coopérants. « Quant à leurs camarades congolais... », à ce moment, murmures derrière moi. « Ne divisez pas votre justice, la même pour tous, et refusez la spirale infernale action-répression, qui peut détruire un pays qui se construit. »

Je conclus : « Si le slogan "tout pour le peuple, rien que le peuple..." que j'ai lu partout a un sens, c'est celui-ci. Vous devez refermer les plaies ouvertes, et permettre que vos mots d'ordre "Démocratie, Travail, Unité", par l'exemple de votre jugement, soient les mots d'ordre de demain. »

« Tournons la page, camarades, entre camarades. » J'ai plaidé pendant presque une heure. Je m'assieds. Je remonte les larges manches de ma robe d'avocat jusqu'aux épaules. En vain. Mon visage ruisselle de sueur. La chaleur humide de la nuit pèse comme un couvercle sur le prétoire déjà brûlé par les projecteurs.

Tout peut arriver, dans cette atmosphère suffocante.

*

Le Commissaire du gouvernement se lève. Il reprend la parole. Il estime que les propos de la camarade Gisèle ne peuvent rester sans réponse immédiate. Et à vingt et une heures trente, dans l'épuisement général, il prononce un deuxième réquisitoire. Incident extrêmement rare et en général banni des prétoires par les codes et l'autorité des présidents. Celui-ci s'en arrange. « Les accusés reprendront la parole s'ils le veulent… Ils l'auront en dernier… » Formules sacramentelles qui sauvegardent la légalité des débats.

Pierre N'Zé, pendant plus de quarante minutes, se livre alors à une diatribe hétérogène, truffée de remarques de fond mêlées à l'événementiel.

Images et propos quelquefois truculents. Ainsi, quand il affirme qu'il ne faut pas forcer le peuple sur ses choix. « S'il n'aime pas le fromage, qu'il mange du piquant ! » Ou encore : « Si nous échouons, l'impérialisme dira "le nègre n'est pas apte au socialisme". » Mais en même temps, il réclamera, de plus fort, des condamnations. Les accusés n'ont pas vraiment fait leur autocritique. Veulent-ils vraiment aider le peuple congolais ? Rien n'est moins sûr. « Ils ont discuté toute une nuit avec le président après le putsch manqué du 22 février 1972… S'ils avaient un projet, nous l'aurions su… » L'inattendu mélange le grotesque à l'information essentielle, que l'on veut faire passer, en direct, au peuple. La discussion a eu lieu au plus haut niveau, les Français ont été traités comme des interlocuteurs-camarades.

Mon « Camarades, ne tirez pas sur vos camarades ! » ne passe pas. Pris au premier degré. « Nous n'avons jamais tiré, ni souhaité le faire. » Il insiste, répète à deux ou trois reprises « les exhortations de maître Halimi » qu'il dénonce. (J'ai perdu la dignité de « camarade ». Rétrogradée aussi sec !) « Mais nous n'avons jamais tiré. » La voix déraille, se perd dans les aigus.

Chaleur, tension extrêmes. Quand les Français se lèvent pour leurs dernières déclarations, il se fait un silence de plomb. En les regardant, je me dis « silence de plomb » et une image inattendue m'envahit aussitôt. « Il se fit dans Paris un silence de neige… » Quel est le plus absolu, le silence ouaté évoqué par Aragon, à l'enterrement de son ami Paul Éluard, ou celui des Cours révolutionnaires, accablant, pour laisser passer la raison d'État ? Deux ou trois secondes de fraîcheur dans la tête.

Seul le consul bouge un peu de son siège pour mieux voir. C'est maintenant ou jamais. La reconnaissance de l'erreur, les regrets, sinon l'autocritique en bonne et due forme. Le président me regarde avec une insistance qui met mal à l'aise. À ce stade, je suis impuissante. Aux professeurs de jouer leur sort comme ils l'entendent puisque tout a été dit. Et même redit.

Je me raccroche à une phrase comme collée, en contradiction avec toutes les réquisitions de N'Zé. « Nous avons besoin des femmes… et autres mais dans le travail méthodique. Nous ne voulons pas de prison… » Quelques minutes plus tôt, il martelait :

« Je demande l'application de toute la loi avec rigueur contre des accusés qui se sont livrés à la lutte clandestine et à la lutte armée. »

Que retiendra la Cour de ces propos chaotiques ? Et le peuple congolais pour lequel, finalement, on avait organisé ce spectacle judiciaire ?

En fait, le Commissaire du gouvernement offre aux juges l'alternative. Tout dépend donc des dernières déclarations des Français. Ils s'avancent l'un après l'autre devant leurs juges. Ils disent avoir commis des erreurs. À peine, du bout des lèvres, en regardant ailleurs. Surtout les Paule. Bernard Q. s'en tire bien. Bernard B. structure son propos.

Les juges les ont écoutés, impassibles.

12

« … Confie les accusés aux bons soins de maître Gisèle Halimi… »

« L'audience est suspendue. La Cour se retire pour délibérer. » Le président se lève. Puis il se penche vers moi et souffle : « Maître Halimi, maître Halimi, venez me voir dans deux minutes… »

Je comprends. « La » déclaration. Je me munis de mon document manuscrit. « Vous êtes toujours d'accord ? » Paule D. ne me répond pas, hoche la tête dans un geste désabusé, ambigu.

J'entre dans la salle des juges. Ils bavardent à l'écart. Lopès et moi relisons la déclaration en cinq points. L'exigence des autorités est claire : aucune interférence des Français sur le sort des accusés congolais.

Je ressors consulter mes mandants. Des dissonances entre eux. Je suggère une rédaction édulcorée de ce point, faisant état de « solidarité » et exprimant le vœu d'un procès juste et équitable pour les Congolais. Retour dans la salle des juges. Curieux délibéré — contre toutes les exigences du secret — qui permet ces allées et venues. Le président et moi rédigeons enfin un projet de jugement. Il dicte seul la partie commençant par « décide... » que l'on appelle le dispositif.

Les jeux sont faits. Je reviens à ma place, dans la salle d'audience. Je mets au point avec mes quatre Français les détails d'organisation du départ. « Nous n'avons plus de passeports, ils nous ont été confisqués », dit Paule F. « Et les places d'avion, comment les prendre, comment les payer ? » Bernard Q. pense au GIC (Groupe Information Congo) qui leur a apporté un soutien total[1]. « Nous n'avons pas le temps. S'il faut partir, c'est ce soir... »

J'envoie alors par l'intermédiaire d'un garde un mot à Lopès. Réponse sur le coin d'un autre de mes messages de la journée. (J'avais demandé l'autorisation de la Cour pour permettre à un ami des « quatre » d'assister à l'audience. Il en avait été empêché par les gardes.)

« Désolé, mais je n'ai pas de carte sur moi. Pour les places d'avion, dans la mesure où nous tenons à conserver le secret jusqu'à la dernière minute, nous ne pouvons intervenir. Mais notre Sûreté agira d'autorité dès l'annonce de la décision. » En signature : Lopès.

*

Près de minuit. L'attente faussement gonflée touche à sa fin. Remue-ménage. Les gardes se précipitent à leur place. « La Cour révolutionnaire », annonce une voix fluette.

1. Comité de soutien formé par des personnalités et des syndicats.

Toute l'assistance, debout, écoute la décision de la Cour :

« — considérant que le putsch du 22 février a créé une division objectivement favorable à l'impérialisme et aux forces réactionnaires,

— considérant que les inculpés français ont agi sans prendre en compte la complexité de la réalité congolaise,

— considérant cependant qu'ils ont fait preuve d'un courage militant et par leurs libres déclarations au cours de l'audience ont ainsi permis à l'opinion congolaise et internationale d'être mieux informée, sensible à l'intervention de maître Gisèle Halimi, amie du peuple congolais, militante bien connue de la lutte anti-impérialiste, avocat notamment du regretté Ben Barka, et de Djamila Boupacha, héroïne de la résistance algérienne, décide, à titre exceptionnel, de libérer les inculpés français : Bernard B., Paule D., Paule F., Bernard Q.

— les confie aux bons soins de maître Gisèle Halimi.

La Cour révolutionnaire de justice espère que l'opinion internationale injustement abusée sera mieux éclairée tant par les débats que par notre geste[1]. »

Rideau. La pièce — politique et judiciaire — se termine. Le scénario, mis au point avec peine, est à peu près conforme.

Sauf cependant la part qui m'est faite. Part inédite dans les annales. La reconnaissance internationale

1. Texte intégral (hormis les formules rituelles) de la décision en annexe page 239.

d'un parcours d'avocate peut donc modifier — heureusement — le sort de certains accusés. J'en reste abasourdie. Tant de générosité à l'égard des Français que nous étions, tant de bonne volonté pour que la décision convainque, au plan international, de la justesse des choix politiques du Congo. Et en même temps, l'énoncé pesant, caricatural, des notions de lutte contre l'impérialisme, le racisme, le colonialisme… Le tout mêlé, dit, écrit avec une sorte de jeunesse politique qui, finalement, émeut… Et le Droit, dans tout ça ? La Cour s'en est arrangée, en révolutionnaire qu'elle est. Le procès s'est tenu. Des juges ont questionné, sans doute écouté. Le Parti, omniprésent, recueille un satisfecit. Par jugement. L'avocate aussi. Toujours par jugement.

« L'audience est suspendue. Elle reprendra demain matin à 9 heures… » Lopès s'en va, il me fait signe qu'il va me téléphoner.

13
L'irrespectueuse respectée ?

Nous voici tous les cinq à mon hôtel. Dans ma chambre. Chambre 66. Où s'instaure un huis clos lourd des pensées tues de chacun. Personne en tout cas ne fait la moindre allusion aux débats, à mes propos. Pas de congratulation, pas de commentaire, rien, le silence, la quasi-immobilité.

Les Français enfin libres ne le sont guère encore, en eux-mêmes. Échange de regards, soupirs, quelques débuts de phrase comme « il va falloir qu'on s'explique... », « les copains, en France... ».

On ne leur a pas permis de passer par la prison récupérer leurs affaires. Ils embarqueront ainsi, en short, sandalettes, petites jupes, sans autre bagage qu'une tranche de vie hors du commun. Jouée au fil du rasoir, pleine de fulgurances et de meurtrissures. N'ont-ils pas rêvé de faire — ailleurs que chez eux — la vraie révolution ? Mais leur pureté idéologique s'est fracassée contre la réalité.

Sonnerie du téléphone. C'est Lopès. Les passeports sont prêts. Les places retenues dans l'avion pour Paris *via* Libreville et Nice. Départ à cinq heures ce matin. La police viendra nous y conduire après la dernière formalité : signature de l'arrêté d'expulsion par le ministre.

J'entasse mes affaires dans ma valise. Je range tous mes dossiers, codes, Lénine et ses maladies infantiles, Marx et sa Commune... Excédée, épuisée, blessée sans doute par le comportement de mes protégés, je refuse l'aide de Paule F. et boucle le sac. Nouvelle sonnerie. Il est trois heures et personne n'a pris le moindre repos. « L'arrêté est signé. » Lopès est d'une précision remarquable. « Une voiture viendra vous chercher dans une demi-heure. Les passeports et billets vous seront remis à l'aéroport. »

Je demande qu'il me lise l'arrêté d'expulsion. Classique. Les coopérants sont déclarés indésirables au Congo et doivent immédiatement quitter le territoire... Quelques minutes après, un garde m'en remet une copie. Elle circule entre les mains des quatre. Des silences et encore des silences, des moues de dépit, le dénouement ne semble pas à la hauteur de l'espérance révolutionnaire.

Je réveille Claude, à Paris, en laissant la sonnerie du téléphone vibrer pendant plusieurs minutes. Je résume d'une phrase l'épilogue. « Nous rentrons tous. Nous arriverons dans l'après-midi. Avertis Arthur. Qu'il joigne les familles. »

À l'aéroport de Maya Maya, les « quatre » se sentent entre deux mondes. Les chemins de la liberté recèlent quelques pièges, parfois. Et deviennent impraticables pour ceux qui s'y engagent sans moyens. Sans lucidité, sans responsabilité. « Nous avons été un peu loin, voilà », jette — enfin — Bernard B., les dents serrées. La veille ou ce matin même, il avait répondu au président qu'il ne connaissait pas Diawara. « Je suis opposé à la lutte armée. On a un peu trop joué avec les armes... », avait-il ajouté.

*

Je ne me souviens pas avoir accompli dans ma vie un voyage aussi morne. Sinistre, en fait. Les coopérants ont somnolé, ou ont fait mine. Les femmes, avec leurs traits tirés, décoiffées, sans apprêt. On aurait dit des réfugiées, des rescapées d'une guerre ou d'un cataclysme. Entre eux quatre, comme avec moi, un barrage invisible et de plomb. Sauf quelques mots sur l'escale à Libreville ou pour remercier l'hôtesse, ils n'ont pas ouvert la bouche.

Après Libreville, nouvelle escale de plus d'une heure dans l'après-midi à Nice. Être avec « mes Français » devient insupportable. J'étouffe. Je m'en libère et vais téléphoner à mes parents. Ils vivent à Nice, depuis, disaient-ils, que « la France avait lâché la Tunisie aux Arabes... ». C'est Édouard, mon père, qui répond. Sa voix, tendre et toujours sonore, me fournit une bonne dose de chaleur humaine. J'étais en manque, durant toute cette aventure. Je lui raconte en quelques mots l'odyssée judiciaire.

« C'est magnifique, *omri* [ma chérie], tu les as sauvés... Ils doivent être fous de joie... ! » Je laisse Édouard le croire. Je ne veux pas l'attrister. Mais surtout, je prolonge avec volupté cet échange affectif. Jusqu'à l'appel ultime du départ.

Arrivée à Paris-Orly. Quelques membres des familles nous accueillent. Des journalistes. Claude me serre dans ses bras avec un tendre « bravo, ma championne ! ». Arthur le Libanais était aussi, je crois, à l'aéroport. Nous nous séparons très vite. La bande des quatre promet de me téléphoner dès le lendemain pour que nous nous fassions, classiquement, une bouffe. « C'est vrai, il faut parler... », insiste Bernard Q.

*

L'ACI (Agence Congolaise d'Information) ouvrit le feu dès le lendemain, le 20 avril. Elle me reprochait, en substance, d'avoir rejoint « par son [mon] attitude la malveillance des milieux gauchistes à l'égard de la politique congolaise ». En fait, l'ACI n'avait pas apprécié ma plaidoirie. Un communiqué peut en cacher un autre. Celui des ex-coopérants et de leurs comités de soutien qui chante victoire. « Cet acquittement, première victoire, doit être considéré comme la preuve de l'effondrement de la thèse du complot. »

La presse m'interrogea goulûment. Ma réaction sur ces feux croisés ? J'avais accepté cette défense à certaines conditions : erreurs reconnues par les coopérants dans un conflit entre militants se réclamant du marxisme. Pour le reste, je renvoyais à la lecture de la décision de Brazzaville du 18 avril. Les accusés n'ont donc pas été *acquittés* mais *libérés* à titre exceptionnel[1]. La presse maoïste évoque « la leçon qui a valeur d'exemple à méditer... », tandis que l'hebdo trotskiste, d'un avis contraire, flétrit « l'état colonial congolais », sa répression et les manœuvres de la défense[2].

1. *Le Monde*, 22-23 avril 1973.
2. *L'Humanité rouge*, 3 avril 1973, et Rouge, 27 avril 1973.

*

Pendant ce temps, à Brazzaville, la Cour révolutionnaire de justice continuait de siéger. Étaient jugés la quarantaine (certains d'entre eux en fuite) d'accusés congolais dont le cas avait été disjoint de celui des « professeurs français ».

Décision rendue le 23 avril : quatre condamnations à mort par contumace (aucune pour les présents), trois condamnations aux travaux forcés à perpétuité, deux à trente ans, une à vingt-cinq ans, quatre à dix ans. Un à cinq ans pour les autres. Neuf acquittements dont celui de Pascal Lissouba, ancien Premier ministre[1]. « Au bénéfice du doute... », est-il précisé. L'écrivain Sylvain Bemba, ancien ministre de l'Information, bénéficie du sursis (trois ans).

Par une étrange coïncidence, l'Histoire faisait d'une pierre deux coups. Ce même jour, Ange Diawara et son adjoint Ikoko sont abattus dans le maquis. On expose, au stade de la Révolution à Brazzaville, leurs corps, avec ceux d'une dizaine de leurs compagnons, torse nu, criblés de balles. La foule, invitée par la radio, défile. Spectacle de grand guignol politique. Souvenir du cadavre du « Che » autour duquel les médias du monde entier se sont pressés. N'Gouabi, en treillis militaire — l'heure est grave —, harangue les masses. Comme l'aurait fait un Fidel Castro africain sans doute. Ange Diawara ? « Un aventurier militaro-fasciste. » Rien de plus. « Nous avons trop parlé, nous avons perdu du temps.

1. Pascal Lissouba sera élu président de la République. Voir p. 236.

Voilà neuf ans que nous avons presque échoué, que nous avons piétiné à cause de ces aventuriers. » Qui auront cependant des obsèques normales, précise le président.

Ce qui ne les empêchera pas de nourrir le romantisme révolutionnaire de la jeunesse. Comme le « Che », Diawara devient un mythe. Plus précaire, cependant.

Quatre ans plus tard — le 18 mars 1977 —, Marien N'Gouabi est assassiné.

D'autres putschistes, avec à leur tête un général, prennent le pouvoir. Pour deux ans. En 1979, le colonel Sassou N'Guesso s'installe jusqu'en 1992. Sous son « règne », le régime, d'abord prosoviétique et marxiste-léniniste, évolua vers un libéralisme pragmatique durant les années 80. Acquitté lors de ce procès, un civil, l'ancien Premier ministre Pascal Lissouba est élu en 1992 à la présidence.

*

Que sont mes protégés devenus ? Ils avaient trouvé à leur liberté un arrière-goût amer, ils s'étaient débattus dans des déclarations embarrassées pour dire leur (juste) solidarité avec les Congolais et expliquer le dénouement singulier de leur procès. J'eus, je crois, un signe ou deux de l'une des Paule. Un des Bernard décida de se taire et ne signa plus de déclaration. Puis plus rien, le silence.

*

Je reprends mes notes et mes souvenirs. Je m'interroge sur la place exacte que j'ai tenue dans ce procès. Ai-je agi en avocate soucieuse avant tout de rendre la liberté à ses clients ? En militante politique de gauche agacée par les gesticulations de gauchistes exotiques ? (J'avais été traitée avec mépris, utilisée cyniquement par ceux-là mêmes au secours desquels je volais.) Ou comme femme engagée depuis toujours dans les luttes du Tiers Monde qu'elle voulait protéger des « maladies infantiles » qui les minaient, aussi périlleuses que les menées néo-colonialistes ou la force de l'argent étranger ?

Je crois que les autorités congolaises de l'époque ont cherché « par les débats et notre [leur] geste » — comme le dit la Cour révolutionnaire de justice dans sa décision — à éclairer l'opinion internationale « injustement abusée ». Elles ont espéré un autre regard du monde sur le Congo. Une volonté stratégique non dénuée d'une certaine générosité. Et de quelque naïveté politique.

À mon égard, la reconnaissance exprimée pour les combats que j'avais déjà menés m'entraînait à une réflexion particulière. L'irrespect des lois politiques, des lois des codes, des ordres moraux, des corporations, de la bienséance consensuelle (si facile à vivre) me valait, pour la première fois, le respect.

Un respect politique exprimé clairement. Une sorte de reconnaissance fraternelle. Un instant d'humanité « exceptionnel » (terme choisi dans le jugement) qui effaçait bien des cicatrices. L'irrespectueuse avait été respectée.

ANNEXE

TEXTE INTÉGRAL DE LA DÉCISION

[*hormis les formules rituelles*]

« La Cour révolutionnaire de justice... après en avoir délibéré,

— considérant que dans la lutte contre le néocolonialisme et l'impérialisme le peuple congolais a besoin de l'aide et du soutien honnête et franc des partis, organisations et forces progressistes, ainsi que de la solidarité et de la sympathie des autres peuples et de l'opinion internationale,

— considérant que dans cet esprit notre parti fait et fera toujours bon accueil à tous ceux qui viennent au Congo avec générosité dans le but sincère d'aider notre peuple dans sa lutte anti-impérialiste,

— considérant que, ce faisant, le Parti agit conformément à l'esprit de l'internationalisme prolétarien qu'il pratique quotidiennement dans le soutien constant et sans faille qu'il apporte à tous les peuples en lutte dans le monde contre le racisme, le colonialisme, le néo-colonialisme, l'impérialisme et le sionisme,

— considérant que le peuple congolais lutte pour son indépendance et sa pleine souveraineté et que, dans cette lutte, il lui est primordial de sauvegarder sa liberté d'action et la pleine responsabilité de son engagement sans aucune ingérence extérieure,

— considérant que l'unité et la concorde nationales constituent un préalable à l'édification d'une Nation libre et prospère,

— considérant que le Congo, à l'étape de la Révolution nationale démocratique et populaire, doit concentrer toutes ses énergies contre l'ennemi principal, à savoir l'impérialisme dominant,

— considérant que le putsch du 22 février a créé une division objectivement favorable à l'impérialisme et aux forces réactionnaires,

— considérant que les inculpés français ont agi sans prendre en compte la complexité de la réalité congolaise,

— considérant cependant qu'ils ont fait preuve d'un courage militant et par leurs libres déclarations au cours de l'audience ont ainsi permis à l'opinion congolaise et internationale d'être mieux informée, sensible à l'intervention de maître Gisèle Halimi, amie du peuple congolais, militante bien connue de la lutte anti-impérialiste, avocat notamment du regretté Ben Barka, et de Djamila Boupacha, héroïne de la résistance algérienne,

décide, à titre exceptionnel, de libérer les inculpés français : Bernard B., Paule D., Paule F., Bernard Q.

— les confie aux bons soins de maître Gisèle Halimi.

La Cour révolutionnaire de justice espère que l'opinion internationale injustement abusée sera mieux éclairée tant par les débats que par notre geste. »

III

L'irrespectueuse sanctionnée

Maria, la blessure…

Je me l'étais pourtant promis, répété, juré. Cette histoire, je l'écrirai. Il le fallait. Je l'écrirai un jour. Pour tenter de restituer l'horreur, mais aussi parce que le non-dit truque le réel. Maquille le naufrage de mes certitudes de jeunesse.

À l'époque, je voyais mon avenir comme un long fleuve lumineux, qui m'entraînait vers la défense comme il coule vers la mer. J'avais rayé de la vie des gens la complexité, l'hésitation, le tremblement désespéré du malheur. Puis vint Maria. Et avec elle, désormais, la fin de l'assurance tranquille, du don de peser de toutes les forces de son intelligence sur un procès. Finie aussi la suffisance de la jeune avocate remarquée.

Je m'étais promis de l'écrire, l'« affaire ». Mais je ne l'ai pas fait. Sans me le dire, sans y penser, sans même me souvenir, je renvoyai l'épreuve.

J'avais décidé, dans mon inconscient sans doute, que la question ne serait pas posée. Une chape de béton avait recouvert le traumatisme. Au fin fond des zones les plus éloignées de l'affectif, le souvenir survivait-il ? Mais rien ne pousse sur le béton. Le travail de deuil n'avait jamais pu commencer, les cicatrices ont mal fermé les plaies. Blessure dévorante, même enfouie.

Songez. Pas un mot dans mon journal depuis ma rencontre avec Maria jusqu'au dénouement de l'affaire. Pas un mot non plus dans mes récits précédents, certains pourtant contaient les faits saillants de ma vie d'avocate. Un silence qui finit par devenir ce long linceul barrant l'horizon de ma mémoire.

Ce livre-ci terminé, je ne l'ai pas donné à mon éditeur. Je me suis dérobée aux rendez-vous d'usage avant la publication, je disais qu'après tout j'avais le temps, *Fritna* avait à peine deux ans, que j'allais peut-être changer de plan. Bref, qu'il fallait renvoyer la date de sortie d'*Avocate irrespectueuse*.

Ce n'est que peu à peu, en recensant du fond de ma mémoire les procès marquants de mes débuts, que je me suis interrogée sur l'irrespect. Le mien. Dans tous ses états. Des bribes de discussion avec des accusés difficiles, des images de longs échanges avec des femmes éprouvées, des phrases de plaidoiries prononcées il y a près d'un demi-siècle, moi qui ne les écris jamais, m'ont investie, petit à petit.

En classant mes manuscrits, j'ai trouvé une enveloppe. Un nom dessus, écrit de ma main... *Maria*.

Une quinzaine de petits feuillets de bloc sténo. Style télégraphique pour l'essentiel : les rendez-vous, le point de la procédure, la couleur de ses robes, sa frange qu'elle appelait des « accroche-cœurs ». Et surtout sa peur. L'histoire, enfin.

Celle de Maria...

*

La première fois que je la vis, Maria portait de grosses lunettes de soleil et boitillait. Son mari l'avait tabassée. Une fois de plus, précisait-elle. Coups de poing sur le visage, coups de pied dans les tibias. Jetée à terre et traînée sur quelques mètres, tirée par les cheveux. Cette jeune femme, la trentaine, appelait au secours.

Rendez-vous pris à mon cabinet. « Regardez », elle se pencha pour me montrer le haut de son crâne sur lequel elle écarta quelques mèches. Le cuir chevelu apparaissait en petites touches, et, près des tempes, des touffes inégales de cheveux. Sans un mot, elle se redressa et enleva lentement ses lunettes. Des ecchymoses bleuies à l'œil droit, une boursouflure rouge sur la joue gauche. « Et je ne sais pas encore si j'ai quelque chose de cassé à ma jambe. » Elle se leva avec difficultés et retroussa sa jupe. Un épais pansement entourait le haut du genou. « C'est pour marcher. Il fallait que je vous voie aujourd'hui même. » Elle cacha sa tête dans ses mains. « Je n'en peux plus, maître, ça fait dix ans que je mène cette vie… J'ai même voulu me suicider deux fois… » Elle se mit à pleurer.

Je me levai et la pris par les épaules. Je me tenais derrière elle. Elle posa ses avant-bras sur mon bureau et y enfouit son visage. Elle continuait de hoqueter et je continuais, en silence, de l'entourer de mes bras. La scène dura quelques minutes. Elle releva la tête, sortit un mouchoir qu'elle passa avec précaution sur ses traits déformés, remit ses lunettes noires. « Je ne pourrais pas vous parler dans cet état… J'ai honte… » Je remis de l'ordre dans ses boucles noires qui tombaient sur sa nuque et regagnai mon siège, en face d'elle.

Maria T., aujourd'hui défigurée, était belle. Brune aux lèvres charnues, de taille moyenne et plutôt potelée. Visage au teint pâle, encadré par une chevelure brillante. Un petit nez presque retroussé qui égayait l'éclat sombre de ses yeux. « Antonio — c'est mon mari —, je l'ai toujours aimé. Nous jouions, enfants, dans la même rue. » Et comme pour lâcher un secret, elle s'approcha du bureau : « Je n'ai jamais connu d'autre homme que lui... », elle hésitait, jouait avec le coupe-papier : « C'est le seul homme, depuis l'enfance et pourtant... » Maria ne put réprimer un bref sanglot. « Il pense toujours que je le trompe... Il devient fou et il me frappe, me frappe... »

Je compris plus tard, à la lecture des attestations de proches, qu'Antonio était un jaloux obsessionnel. Un Othello dépourvu de tout moyen de raisonnement, fermé à la réalité. « Même quand je ne bouge pas de chez nous... Je vais chercher les enfants à l'école avec ma belle-mère et ne sors plus en attendant son retour... il fait les courses pour que je ne parle pas aux commerçants... » Ses larmes devaient irriter ses plaies. Elle s'essuya le visage. « Même ces jours-là, tout à coup, il me demande si j'ai vu quelqu'un, si un homme est venu... et sans m'écouter, me tombe dessus... »

Ses parents, ses beaux-parents étaient intervenus. Tous les systèmes de surveillance avaient été expérimentés, pour le convaincre. « C'est plus fort que lui, il ne se contrôle plus. Dit qu'il veut me tuer... Et le soir... » Maria baisse la tête, elle semble rougir un peu. « Comment vous dire, maître, enfin vous êtes une femme... Vous savez... le soir, il me demande pardon, au lit... »

Après sa première tentative de suicide — Maria avait avalé pêle-mêle des barbituriques et des antibiotiques —, il y avait eu un conseil de famille. « Je veux tout vous raconter, maître, comment ça s'est passé... Il fallait faire quelque chose pour qu'il comprenne sa folie... »

La mère d'Antonio, toujours protectrice, avait expliqué qu'on n'est jaloux que de ce que l'on aime. « Mais quand même, *figlio mio*, tu sais qu'il n'y a pas de raison, voyons... » La mère de Maria, elle, affirma avec véhémence que suspecter sa fille était une infamie. Et que ces brutalités injustes... « Si elle était coupable, je comprends, ajoutait-elle, un homme, c'est violent, ça ne peut pas se contrôler, ça bat quelquefois sa femme... Mais il faut des raisons, voyons ! »

La sœur aînée, qui avait étudié pour être institutrice, ne l'entendait pas ainsi. « Un mari et une femme peuvent se disputer. Ça arrive... Mais avec des mots... pas avec des coups ! »

La mère d'Antonio s'était approchée de lui, l'avait pris par les épaules : « Mon fils a toujours été un peu violent, comme ça, une fois, il avait frappé son camarade de classe, il avait douze ans, si fort que... » Elle s'était interrompue, l'évocation précise du garçonnet mis à terre et en piteux état par Antonio n'était sans doute pas opportune. « Allez, il faut faire la paix... Tu sais bien, *figlio mio, quanto ti ama, la Maria* ! » Le père d'Antonio n'avait pas dit un mot. Celui de Maria, vieux maçon grisonnant, non plus. Comme si les violences faites aux femmes ne concernaient qu'elles, finalement. Depuis toujours, les hommes frappent et les femmes endurent. C'est ainsi. La nature. Alors pourquoi discuter ? Le père de Maria, émotif sans doute, se levait de temps à autre pour caresser furtivement la longue chevelure de sa fille. Il hochait la tête, il l'aimait tellement, sa cadette.

Maria se tut puis « je ne vais pas vous dire les détails, quand même… ». Et comme je lui signifiais d'un signe le contraire, elle reprit, telle une élève appliquée, le fil du récit. « Oui, je me souviens aussi qu'à un moment, mon père a regardé ma mère… Et j'ai compris ce qu'ils se sont dit, sans se parler… » Le ton un peu plus dur. « C'était pareil entre eux. » Cet échange bref comme l'éclair, ses parents le chargeaient du souvenir de leurs trente ans de vie commune. Et de dépendance, dans tous les sens du mot, de la femme vers l'homme. Avait-elle protesté, elle, la mère, quand Luigi, son seigneur et maître, la battait, sans raison précise, certains soirs où il avait bu de la boukha et dégusté de la kemia dans les petits bars de la rue de Marseille ? Sans qu'il en ait parlé avec ses copains, il savait, ils savaient tous que c'était ainsi. « Ce sera toujours comme ça, pour nous les femmes… », lâcha Maria. De temps en temps, une boukha de trop, une journée de travail en plein sirocco, à couler le ciment, une engueulade avec le chef de chantier et, hop ! au retour quelques injures et quelques taloches pour l'épouse résignée. Tous de bons travailleurs, de bons pères et même, estimaient-ils, de bons maris. Ces petites choses ne comptaient pas. Et Antonio avait fait amende honorable. Jusqu'à la scène suivante…

« Oui, ce sera toujours comme ça », répétait Maria, l'air buté.

Son père avait déjà dit son hostilité à tout procès. Pas d'avocats, pas d'étrangers dans ces affaires intimes… « Et les enfants, tu y as pensé, à tes enfants ? » Il avait émis une sorte de grognement quand sa fille Maria avait parlé de divorce. « D'abord, chez les Italiens, ça n'existe pas le divorce. La séparation, ça ne coupe pas tout entre les époux… » La loi italienne, à l'époque, n'autorisait pas le divorce. Toute-puissance de l'Église sur le statut civil des citoyens. Indissolubilité du mariage. Résultat : des familles recomposées, de part et d'autre, dans la plus parfaite illégitimité. Les enfants, adultérins et bâtards. L'inceste ? Difficilement détectable puisque les naissances sont sous X. À contre-courant de l'évolution des mœurs, le droit religieux générait des interdits aux conséquences catastrophiques.

Maria, femme battue parce que femme, s'était sentie brusquement coupable. « Ils me disaient tous, ce jour-là, que je ne pensais qu'à moi et pas à mes gosses. » Angela et Pietro, ses enfants, six ans et quatre ans. Ils étaient pourtant son univers affectif, sa raison de vivre, son jeu de miroirs ambigu et souverain, sa compensation sur laquelle elle se jetait goulûment, les heures de désespoir. Mais aussi son occupation à plein temps, les laver, les habiller, ramasser leurs crayons, ardoises, cahiers, les conduire à l'école. Avant d'aller les chercher, elle avait préparé le déjeuner. Et pensé à la gamelle du lendemain d'Antonio, qu'entre deux installations de plomberie il emporterait à l'écart pour se restaurer. Son après-midi — interdiction du mari de sortir en attendant l'heure d'aller chercher les enfants —, elle la passait en travaux divers, reprisant ici un drap, cirant la table un peu écornée, faisant à fond (rien de tel pour donner le sentiment du devoir accompli) la cuisine ou la chambre. Comment pouvait alors naître dans la tête d'Antonio cette inquiétude maladive qui enflait au point de la lui faire perdre ?

*

Maria s'était redressée sur son fauteuil, en face de moi. « Ce conseil de famille avait tranché. Antonio avait juré, promis. On repartait à zéro. » Elle s'agrippe au rebord du bureau, je remarque un léger tremblement des mains. Et des doigts — la main droite — tuméfiés, enflés, aux ongles bleu-noir. « Oui, c'était il y a quelques jours, je suis tombée par terre et il m'a écrasé la main de sa chaussure. »

Ont-ils évoqué l'hypothèse d'une séparation amiable, d'un accord, le meilleur, pour elle et les enfants ? Il pourrait les voir à son gré, les prendre le week-end, elle retrouverait le calme et peut-être un nouveau dialogue… « Vous ne pouvez pas comprendre ! » Elle interrompt ma description idyllique. « Chaque fois que j'ai parlé de séparation, il est devenu comme fou : "Tu ne seras séparée que morte ! Jamais tu n'appartiendras à un autre ! Je te tuerai…" » Je hausse un peu les épaules et sans doute Maria remarque-t-elle ma légère moue. Elle ôte ses lunettes. « Vous ne pouvez pas comprendre… Il le fera ! » Elle me regarde, meurtrie.

Elle sort son mouchoir, pourtant ses yeux sont secs mais c'est pour tamponner son œdème droit qui sans doute lui fait mal. « Comment me sauver, maître, comment ? » Un murmure, à peine une question.

Cette comédie du mari qui menace de mort l'épouse qui veut le quitter, je ne la connais que trop… Surtout dans ces milieux populaires où l'impuissance à agir sur leur vie conduit certains hommes au désespoir, aux attitudes qu'ils croient viriles, fortes. Moi, on ne me lâche pas. Si tu abandonnes le foyer, tu partiras les pieds devant. Scène que les femmes évoquent souvent devant moi. Scène qui laisse de marbre la fière néophyte que je suis. « Ils disent tous ça… Ils jouent le rôle de l'homme qui toujours décide… Ils veulent vous terroriser pour vous faire renoncer. »

Maria secoue la tête. « Lui, je vous assure, maître, c'est autre chose… » Ces menaces cesseront dès qu'un jugement interviendra, ou même avant, dès qu'il recevra sa citation à comparaître. Je veux l'en persuader. Les jeux seront alors faits. Maria a-t-elle vraiment pris sa décision ? A-t-elle réfléchi au saut dans l'inconnu dans lequel elle précipite sa vie et celle de ses enfants ? Elle ne répond pas. « De toute façon, il ne changera pas. C'est un malade. » Elle réprime alors un cri de douleur qui ressemble à un sanglot : « Je n'en peux plus, je n'en peux plus ! Je préfère mourir, vous savez… »

Fin de l'entretien. Je lui demande de bien réfléchir, et de me téléphoner. « Essayez quand même de reparler avec lui d'un accord possible. » Mon propos semble désespérer Maria. Décidément, je n'ai pas compris à quel homme nous avions affaire. Lui parler de séparation ? Pure folie ! Elle se lève, se rapproche de la porte que j'entrouvre : « Antonio, il me tuera, maître, c'est sûr ! » Elle a parlé comme résignée, étrangère à son sort. Elle a aimé Antonio depuis l'enfance, elle lui a donné sa vie, tant pis, on n'y peut rien.

Qui pourra guérir un homme rongé par un mal qui peut conduire au suicide, au meurtre, à l'apocalypse ? Qui pourra la protéger contre un sort scellé le jour même où elle est devenue sa femme ? « Je vous aiderai, je prendrai toutes les mesures pour vous protéger. » Il m'a semblé répondre à son désarroi intérieur, comme si elle n'avait pu l'exprimer en totalité. « Il ne fera pas la loi vous savez ! » Maria demande alors si elle peut revenir dans quelques jours, elle va essayer d'expliquer, de le convaincre, sinon… « Je voudrais que vous vous occupiez de moi, maître… »

*

Pendant plus de trois semaines, je n'eus aucun signe de la jeune femme. J'avais interrogé à trois ou quatre reprises ma secrétaire. Pas de message téléphonique. Pas de lettre. Pas de rendez-vous pris.

Je partageais ces premières années de barreau entre les « Bat'd'Af » de Foum Tataouine (je commençais même à avoir la vogue au Tribunal militaire !), les divorces, quelques accidents — souvent mortels — de la circulation et des affaires de loyers (qui m'intéressaient peu, dans leurs calculs ésotériques, et que je passais souvent à de jeunes confrères, comme moi, à leurs débuts).

Je regagnais mon cabinet, ce jour-là, en compagnie du président de l'Union des Jeunes Avocats (UJA). Pour la première fois, un confrère tunisien avait accédé à cette charge. J'avais mené une active campagne pour lui. Une Union de jeunes avocats en Tunisie que jamais ne préside un Tunisien, toujours confisquée par la colonie et les pieds-noirs ! Il fallait que ça change. J'avais été élue vice-présidente dans la foulée. « Une femme aux commandes, ça s'est jamais vu… » À ce propos répandu sans méchanceté mais avec une curiosité soupçonneuse, je répondais : « On n'a jamais vu… on verra ! » Je poussai la porte dans un grand éclat de rire. « Mon » président finissait de me conter l'histoire d'un de nos confrères, toujours affabulateur à la barre… et rattrapé par la vérité en plein prétoire.

Maria, assise dans un fauteuil du petit salon d'attente, un magazine ouvert sur ses genoux, regardait fixement la porte d'entrée. Elle se leva. « Maître, il faut que je vous parle… » Le magazine avait glissé à terre, elle tentait de le rattraper. « C'est grave ! » Maria n'avait pas pris de rendez-vous et deux personnes attendaient déjà avant elle. Me trouver nez à nez avec elle me figea brusquement. Je riais, Mohamed B., à mes côtés, continuait de mimer l'admonestation du président du Tribunal au confrère fantaisiste. Je m'arrêtai net. Une sorte de malaise soudain me fit souhaiter l'éloignement de cette femme. Je la regardai quelques secondes. Si belle ce jour-là, toute de blanc vêtue, ses cheveux noirs roulant sur ses épaules en anglaises épaisses. Oui, je voulais qu'elle sorte de ma vie. Définitivement. En cet instant, je refusais d'être le bouclier de son malheur.

Mon inexpérience, ma jeunesse, ma vitalité joyeuse rejetaient sans doute ce défi. Autant le laisser à la sagesse d'un vieux confrère et à sa connaissance des dossiers. Il saurait prendre le recul prescrit par le règlement de l'Ordre, « refroidir » les situations extrêmes, surtout évaluer le danger à sa juste mesure.

Maria avait occupé mon esprit. Peut-être trop. Sa fragilité me faisait craindre un suicide. D'où ma réaction d'angoisse. Elle se dressa comme une communiante dans sa robe à volants, ses grands yeux gonflés et son bras tendu comme pour désigner en moi son seul recours, « c'est grave, maître, il faut que je vous parle... ». Je me suis alors sentie impliquée de nouveau et sans réserve. Partie prenante, en quelque sorte. Ma manœuvre inconsciente d'éloignement avait déjà échoué. Comme un éclair, comme un aimant, son regard avait décidé. Et moi aussi. Je serai à ses côtés jusqu'à ce qu'elle recouvre la liberté. Sans trop savoir pourquoi, ni comment, il me semblait que nos destins étaient désormais liés. « Attendez un peu. Je vais vous recevoir. »

Maria, une femme comme moi, en somme. Mais sans sa vie de funambule, toujours sur le point de chuter, le fil cassé par des mains criminelles. Mon couple voguait sur la mer calme d'un quotidien sans histoire. Vitesse de croisière fidèle à elle-même. Un fils, qui commençait à marcher et faisait la joie de ses parents. En somme, rien à signaler. Cette routine que d'autres appellent le bonheur. La volonté, à travers mes défenses à la barre, de découvrir, frémir, guérir. Qui sait ? Édouard, mon père, résumait ainsi son diagnostic : « Tu ne fais rien comme les autres... Tu n'es jamais satisfaite... » Et quand j'évoquais avec lui tel ou tel dossier difficile, il réagissait toujours de la même manière. « Ça ne m'étonne pas... Tu n'aimes t'occuper que des gens tordus ! » Ce que Fritna, ma mère, traduisait, dans un aparté complice avec lui : « Je te l'ai toujours dit, elle n'aime pas la vie normale... Elle veut toujours sortir de sa sphère ! »

Mon ami-président avait senti mon trouble. « Je file, Gisèle, j'ai aussi des rendez-vous... »

J'échangeai quelques mots avec les deux clients qui, eux, s'étaient fait inscrire dans l'agenda. Une urgence imprévue. J'expliquai. Je ne pouvais pas les recevoir aujourd'hui mais demain, même heure. Qu'ils m'excusent. Au demeurant, aucun péril en la demeure ou dans leur dossier. Compréhensifs, ils allèrent voir ma secrétaire pour prendre une nouvelle date.

Maria de nouveau face à moi, droite et, me semblait-il, glacée. Elle me tendit des photos de ses enfants. « Angela... C'est à la plage de la Goulette... Pietro, là... » Elle se leva pour m'en montrer les détails. « Pietro, là, avec ma mère... » D'adorables bambins, inconscients de leur poids exorbitant dans la vie des adultes.

« Alors ? Vous lui avez parlé ? » Maria avait eu ce courage. Oui, elle lui avait dit qu'elle voulait le quitter. Ils resteraient amis, les enfants seraient à tour de rôle avec l'un ou avec l'autre. Les *nonos* et *nonas* — les grands-parents — se chargeraient de faire le lien, les accompagnements, les raccompagnements de leurs petits-enfants...

« Alors, il vous a frappée de nouveau ? » Je l'imaginais fou furieux, déchaîné, blessé dans son amour-propre, dans sa virilité, et dans ce qu'il faut bien appeler son amour, même sous sa forme pathologique.

« Il a dit : asseyons-nous pour parler. Tout peut s'arranger, si l'on discute... » Maria revivait l'étonnement qui l'avait clouée sur place. « Vous vous rendez compte, maître, pas une injure, pas un coup ! » Elle faisait le signe de mettre une cigarette imaginaire aux lèvres. « Comme si je lui avais dit que je voulais fumer... » Ce qu'Antonio lui interdisait formellement. « Une femme honnête ne fume pas, c'est pour les putes, les cigarettes et le reste... » Un sourire inattendu, à peine esquissé. « De temps en temps, en cachette, j'en fume une ou deux. » Maria s'était rapprochée de moi. « Mais jamais dans la rue, maître, ça jamais... » Elle écartait les bras comme pour chasser cette fumée qui pourrait la dénoncer. « Et j'ouvre partout, pour aérer, avant son retour... »

Donc Antonio devenait raisonnable. « Enfin, c'est pas tout à fait ça... Il m'a dit : "J'ai compris, je suis un..." [elle hésite] oui, excusez le mot, maître, mais il a dit : "Je suis un con..." »

Des promesses auraient suivi. Et depuis, Maria n'avait plus à se plaindre. « Mais vous m'avez dit que la situation était grave... C'est pour ça que vous êtes là, non ? » J'avais laissé percer quelque impatience. Tout ça est trop long, trop changeant, que veut-elle au juste ?

« Oh pardon, pardon, maître... » Maria, comme une petite fille dans sa robe virginale, rattrapait de ses doigts une grosse boucle qui se défaisait. « Je ne vous ai pas dit encore... » Elle semblait penaude, contrite. « Antonio a acheté un revolver... » De ses mains, elle esquissait une taille : « Non pas si grand... » Elle rapprochait ses mains : « C'est à peu près comme ça... » Un pistolet classique alors... « Et tous les soirs, avant que nous nous couchions, il met l'arme sous son oreiller. »

J'ai osé ma question. Maria rougit jusqu'à la racine de sa chevelure sombre. La robe blanche paraît plus blanche, dans le décolleté. « C'est important, pour comprendre et prévoir, vous savez... » Elle se tait encore, baisse les yeux. Elle triture le presse-papiers sur le bureau, à portée de sa main. « Oui, maître..., oui... » Elle repose l'objet à l'autre bout du bureau et toujours sans me regarder : « Oui, tous les soirs... et même deux ou trois fois, des jours... » Je complète mes notes « relations sexuelles normales... et fréquentes ». Je barre « normales », hésite, et finis par lui préférer le mot « fortes ». Je devine, je suis presque sûre, Maria est une épouse comblée. Antonio, son seul homme, un mari resté son bel et bon amant.

Les choses ont basculé. Il faut agir. Je dis à Maria que je vais voir le président pour demander une date d'urgence. Je prends mon agenda et appelle ma secrétaire. Je lui demande de noter que Mme Maria T. a rendez-vous vendredi. « Oui, Jacqueline, oui dans trois jours, c'est bien ça... Il y a urgence... à quinze heures. » Je lui précise de prévoir une heure au moins.

Je raccompagne Maria. « À vendredi donc, vous signerez votre requête... Je vous expliquerai. »

*

Ce que je voulais expliquer à Maria, c'était l'existence d'une procédure qui la mettait absolument à l'abri. En cas de mauvais traitement de l'épouse, de danger pour elle et/ou ses enfants, le président du Tribunal prend par requête des mesures urgentes. Requête signée par l'épouse et unilatérale, en ce sens que le mari n'en est pas informé. À l'appui, témoignages, certificats médicaux attestant de violences éventuelles, plaintes au commissariat. Le magistrat fixe alors à la femme un nouveau domicile (aujourd'hui, il se contente de la laisser le choisir et de lui donner acte mais, à l'époque, la femme devait suivre son mari partout, vous savez… et, lui, décidait souverainement du lieu du domicile conjugal…), et fait défense au mari, au besoin par la force publique, de l'y troubler…

En rentrant chez moi, je remâchais les termes de la requête… Un revolver sous l'oreiller, des menaces sérieuses, un jaloux malade de la violence.

*

Brève mais totale coupure quand je retrouve mon fils. Je lui construis un parcours plein d'embûches pour lui apprendre à mieux tenir sur ses guiboles et lui chante un « Au clair de la lune » qu'il apprécie, le regard béat et son nez fourré dans ma jupe.

Au coucher, en enlevant la couverture du grand lit, je me surprends à retourner à deux reprises les oreillers. Non, ici, personne n'a dissimulé de revolver.

Je m'endors en mettant au point les formules-choc de la demande. Et en attendant — dans quelques heures à peine — le réveil et les cris de Jean-Yves, toujours affamé en milieu de nuit. Mauvais moment car mes crevasses aux seins me font souffrir et je m'entête à l'allaiter encore, à un an passé. Mythologie du lait maternel, rédempteur, vitaminé, vaccin et équilibre psychologique à la fois, poids des traditions séculaires judéo-arabes, en plus. Tant pis... On serre les dents à la première succion, après on s'habitue...

En préparant le café extra-fort du petit déjeuner ce matin-là, j'avais bouclé le texte. Dès mon arrivée au cabinet, je le dictai à Jacqueline. Sténo très médiocre mais appliquée. « Téléphonez à Mme T... qu'elle passe cet après-midi pour signer. Il vaut mieux ne pas traîner... »

Maria se présenta ce même jour. Lut la requête. Hocha de temps en temps la tête. Murmura une ou deux fois : « C'est ça, c'est exactement ça... » Et au moment de signer, mais à ce moment seulement, elle ferma les yeux, les rouvrit dans un large regard circulaire, un peu absent, et sortant un mouchoir d'une main, prit mon stylo de l'autre et écrivit « Mme Maria T. née B... ». L'écriture n'avait pas tremblé.

Nous partions ensemble pour une aventure difficile.

*

Le président du Tribunal ne me retint guère dans mes explications. Il avait rapidement lu la requête, jeté distraitement un œil sur les attestations — pour la plupart émanant de la famille de Maria — et me demanda où elle pouvait se réfugier en attendant la procédure contradictoire. « Ses parents sont prêts à l'accueillir, elle et ses deux enfants... Plus tard, on verra... » Maria, toute raide, n'avait pas dit un mot. Quand le président lui avait demandé si ces violences étaient fréquentes, elle s'était contentée de hocher la tête, en silence.

Le président compléta à la main l'adresse des parents de Maria et apposa sa signature sur l'ordonnance. Elle pouvait donc, sans qu'il lui en soit fait grief, déménager. Restait à organiser le déménagement. Dans la journée forcément, et en l'absence du mari. Je lui recommandai de ne prendre que le strict nécessaire pour quelques jours car, en cours de procédure, j'obtiendrais pour elle le domicile conjugal. Au mari de déguerpir, comme le dit la loi.

Aidée par sa sœur et ses deux frères, Maria put s'installer avec ses enfants chez ses parents. Angoissée, soulagée.

*

Antonio ne cessa, avant la conciliation, de la harceler. Il se mit en congé et l'attendit à la sortie de l'école où elle venait chercher les petits. « Il m'a pris le bras violemment, il m'a dit : "Je te tuerai si tu ne reviens pas aujourd'hui même à la maison…" Alors j'ai crié, des femmes qui attendaient comme moi sont intervenues… Il a eu peur… » Mais en battant en retraite, il reprit ses menaces. « Rappelle-toi, cria-t-il en tournant une dernière fois la tête, si tu vas au Tribunal, je te tuerai ! »

Maria me racontait la scène au téléphone, elle semblait perdue… « À quoi ça sert alors la signature du président ? Il peut encore me suivre… Il va me tuer, c'est sûr, maître, il va me tuer… »

Je la rassurai, d'un ton ferme. De nombreux maris jouent aux justiciers désespérés, c'est leur dernière arme. Mais on les raisonne, ils se raisonnent, le temps passe et l'horizon entre les deux époux s'éclaircit et même, quelquefois, redevient serein. « Allez Maria, ne vous affolez pas… » Ils parlent de tuer mais ils ont peur. Ils ne font rien. « Ce sont des matamores, je vous dis, des matamores. » Avant de raccrocher, je lui annonçais que la conciliation était fixée la semaine suivante et qu'alors la procédure serait sur de bons rails. « Mais, lui, il sera là, pour la conciliation ? »

Maria décidément ne voulait pas conclure. Ignorante des règles, terrorisée par un fou, ambiguë dans sa relation à lui (physiquement surtout), culpabilisée quant à la séparation père/enfants. Elle perdait pied. Je la rassurai avec autorité, hâtivement, car il me fallait courir à un rendez-vous d'expertise. « Puisque je vous dis qu'il ne fera rien… Et puis je suis là… Le président va lui parler. Allons Maria, calmez-vous… Nous nous verrons avant la conciliation… » Cette fois-ci, je raccrochai sans attendre. Quel cinéma, ces époux qu'on lâchait… !

*

Nous étions parvenues à la partie la plus fastidieuse mais la plus concrète de la préparation de la séparation légale. Maria a pu récupérer une ou deux fiches de paie d'Antonio. Elle a, d'une écriture toute ronde, tenté de faire un devis de ses dépenses, pour elle et les enfants. « Et l'école, demande-t-elle, les fournitures, les tabliers ?… »

De son côté, la situation est claire… Ressources : zéro. N'a jamais travaillé. N'a pas de formation. Aucun bien ni même espérance de bien. Sur sa paie modeste, Antonio doit assumer les besoins de la famille. « Et lui, de quoi il va vivre alors ? » Cela semble chiffonner Maria. Je lui explique les règles du partage.

Elle est là, en face de moi, depuis trois quarts d'heure. Je la regarde. Elle s'est coiffée en chignon, en s'aménageant sur le front et les tempes quelques mèches (ses fameux accroche-cœurs). Vêtue d'un simple pull rose sous un cardigan assorti, à fleurs. Elle paraît différente des premiers jours, le visage moins enfantin, le geste plus rare.

« Vous verrez, ce ne sera pas très long. » Dans une première partie, le président tente — à peine, très vaguement — une conciliation. « Et s'il dit oui ? Antonio va dire oui, c'est sûr ! » s'écrie Maria. Mais il faut l'accord des deux pour une véritable réconciliation et le magistrat ne fait pas de zèle. Il est vrai qu'un couple qui prend la justice comme arbitre a peu de chances de se refaire…

Maria interrompt fréquemment, c'est un peu agaçant. Deuxième partie donc, mesures provisoires, garde des enfants, droit de visite et partage des vacances, fixation des pensions alimentaires. « Pour vous trois, Maria… Le président va décider de tout cela. » Je lève le nez de mes notes. Elle pleure. En silence, proprement, avec une respiration uniforme, sans renifler, sans bouger.

On dirait une pub : une statue d'où l'on ferait jaillir des larmes. J'entoure la statue de mes bras. « Maria, vous verrez, c'est dur aujourd'hui mais après, quel soulagement ! » Je lui dis qu'elle ne vivra plus dans la crainte, dans les coups… Qu'elle sera libre… Même si la séparation de corps ne l'autorise pas à se remarier… Mais elle n'est pas condamnée à la solitude pour autant… La statue frémit, sort un mouchoir. « Pardon, maître… Mais c'est une tempête, ça, une vraie tempête dans ma vie… *Un temporale*, on dit *un temporale* en italien… »

La préparation de l'audience est terminée. Ainsi en ai-je décidé. Nous n'irons pas au-delà, la description précise de ce moment judiciaire affaiblit les défenses — précaires — de Maria, je le sens.

*

Palais de Justice, boulevard Bab Benat, Tunis, précise la citation d'huissier.

Dans la salle des pas perdus, toujours la même rumeur, toujours la même vague montante et descendante de justiciables, d'employés du greffe, toujours le même bruissement des robes d'avocat. Des éclats de rire, des éclats de colère. De temps en temps, on aperçoit le tarbouch du vendeur de boissons. Il se fraie un passage difficile au milieu des groupes, avec une adresse remarquable, en tenant le plateau argenté à bout de bras, au-dessus des têtes, en équilibre. Il invite « *Kaoua, Kaoua* (café) » ou « *ti ben nana* » (thé à la menthe). Il tend des petits verres dorés. J'en prends un, Maria refuse d'un signe de tête.

Des bancs sont disposés de part et d'autre du cabinet du président. Quelquefois face à face, les couples attendent leur tour. Les avocats, auprès d'eux, précisent quelques points, répondent…

Maria à mes côtés, nous nous sommes assises à l'angle extrême du vaste couloir qui tient lieu de salle d'attente. Dès qu'elle avait aperçu Antonio à l'autre bout, elle s'était réfugiée ici. Toute pimpante dans sa robe à rayures jaunes et bleues, un châle léger à l'allure espagnole sur les épaules. « J'ai fait comme vous m'avez dit, maître… Je me suis habillée comme d'habitude… », elle semble vouloir se justifier de sa joliesse.

*

En effet, la veille, alors que je fermais le cabinet, Maria m'avait appelée. Son problème : demain, comment faut-il s'habiller ? Et le maquillage, on peut, ou seulement du rouge à lèvres ? Sans rouge à lèvres, elle ne peut pas, elle se sent malade… Je lui avais résumé mon point de vue. « Comme vous vous sentez le mieux, comme d'habitude… Oui, bien sûr, du rouge à lèvres si vous en mettez tous les jours… »

J'espérais seulement qu'elle ne dessinerait pas cette forme de cœur qui dépassait un peu le contour des lèvres qu'elle avait bien assez charnues… Mais, bon, c'était tellement secondaire. « Secondaire ? C'est pas possible, maître. Le président, il va être d'accord avec Antonio s'il lui dit qu'il est jaloux parce que je veux attirer les hommes… Il va me regarder dans les détails… »

Je commence à connaître ces veilles de procès et en particulier de divorces qui entrent par effraction dans l'intimité la plus fermée des hommes et des femmes. Ils, elles veulent tout savoir, tout régler par avance, ne pas se laisser découvrir, juger, rejeter par surprise… Et quelquefois, pensent-ils, pensent-elles surtout, sur l'apparence. Maria cumulait cette nervosité inquiète avec la peur d'ultimes violences de celui qu'elle quittait.

J'avais donné rendez-vous à Maria au cabinet à huit heures. « Nous irons ensemble au Palais... Tout se passera bien vous verrez. » Effet magique. Maria a remercié, j'ai confiance en vous, c'est bien si nous y allons ensemble. À demain. Merci...

*

Je lui répète, toute proche d'elle, que tout ira bien, ce matin. Combien de temps ça durera ? Une demi-heure tout au plus. Sûrement moins. Vous verrez, ce n'est pas long...

Pendant que nous devisons, Antonio fait les cent pas et ne tente pas de se rapprocher. Il est proprement mis, plutôt dans le genre Tino Rossi, cheveux plaqués, col de la chemise relevé sur la nuque. Une sorte de chemise-veste légère, sur un pantalon de coton. Il fait déjà chaud.

L'huissier — la voix la plus nasillarde du Palais — lance des noms. Les couples s'engouffrent derrière la lourde porte double et matelassée du cabinet du président, se croisent sans se voir. Ressortent différents, indignés, résignés, malheureux, soulagés. Le pas est franchi. La coupure, irréversible. Un morceau de vie expédié au stock d'archives. Souvenirs, passé d'erreurs, malheur à rayer.

Je ne quitte pas des yeux Antonio tout en penchant la tête vers Maria pour mieux l'entendre. Que dit-elle ? Rien et tout. Qu'elle n'a aimé que lui, que c'était son seul homme, son homme. Que la maladie de la jalousie les avait détruits, tous les deux.

Que plus tard, qui sait, s'il guérissait, il reviendrait vers elle et les enfants. « Plus tard, beaucoup plus tard, on verra. » Pour l'heure, il faut l'éloigner. Maria acquiesce, désespérée. Elle s'était fabriqué un bonheur reconstitué par miracle, pour nier l'échec.

Dans les feuilletons et les romans qu'elle lit quelquefois le soir, en attendant le retour du héros, ça finit toujours bien. Quelque chose se passe qui rassemble les amants désunis, alors elle voudrait y croire... Si la séparation est inévitable — comme ça il comprendra, il changera... —, tout peut se refaire, violences bannies, amour renforcé par l'épreuve...

Antonio est allé vers l'huissier et lui parle. Il hoche la tête. C'est à ce moment que sortent deux futurs divorcés. Et que l'huissier clame les noms de Maria B. épouse T. et d'Antonio T. Antonio se précipite, le premier, bousculant presque l'huissier qui a failli en laisser échapper ses papiers et son stylo. Je prends Maria sous le bras. Elle ne bouge pas. Je la pousse un peu pour l'entraîner vers le cabinet du président. Un président courtois, intelligent, arrivé de la métropole depuis peu et soucieux de traiter avec égalité les justiciables.

Le clan des colons, le clan des Corses tout-puissants de cette Tunisie des années 50, s'en était ému. N'avait-il pas répliqué, publiquement, à un bâtonnier corse qui plaidait contre une famille de pauvres Tunisiens — « *les meskines* » (les pauvres bougres), disait-on, les laissés-pour-compte — et qui avait fait valoir ouvertement l'appartenance de son client à l'establishment de la colonie : « Mon cher maître, ici, il n'y a que des justiciables, jouissant tous des mêmes droits. »

Deux fauteuils face au président pour les époux, les avocats restant debout. En fait, aujourd'hui, je n'ai pas de contradicteur. Antonio a refusé l'assistance d'un défenseur.

Je serre la main du magistrat. Il vérifie les identités et invite le couple à s'asseoir. Il demande à Antonio la raison de ses violences, de ses menaces. Curieusement, Antonio ne répond guère, baisse la tête, ne se défend pas. « Alors madame, vous avez bien réfléchi, vous demandez une séparation de corps... » Interpellée directement, Maria jette un regard intense, comme un appel au secours à « son homme », puis se tourne vers moi. « C'est à vous de décider, madame », intervient le président.

« Il n'y a pas moyen... On est obligés de se séparer... » Elle a parlé dans un murmure mais paraît soulagée quand le président, sans insister, annonce que, puisque toute conciliation paraît exclue, il va examiner les mesures provisoires.

« Garde des enfants à la mère à laquelle est attribué le domicile conjugal. » Il griffonne quelques notes et précise, pour le mari, « il vous sera interdit de troubler votre femme, de venir la voir sans son accord... ». Antonio, docile, opine de la tête. « Droit de visite un week-end sur deux, et la moitié des petites et grandes vacances... » Il s'adresse alors à Maria : « Sauf si vous trouvez un autre accord... » Non. J'ai secoué la tête. Je pressens des pourparlers difficiles et même dangereux. Autant s'en tenir au jugement. « Pension alimentaire », annonce le président, « ...Vous, madame, vous êtes sans ressources ? » Maria confirme. « Et vous, monsieur, vous êtes ouvrier plombier. Vous gagnez combien ? Donnez-moi vos fiches de paie… »

À ce moment-là, Antonio met la main dans une de ses poches et sort, en liasse, un tas de papiers pliés dans tous les sens. Le président s'en empare, avec un soupir. Quel fatras ! Il tente d'y mettre un peu d'ordre. Le nez dans son classement, il ne voit pas Antonio se lever, Antonio se pencher vers Maria, il va l'embrasser sans doute. La détonation. Maria s'effondre, la gorge en sang. Je vois le sang, le sang… Je vois Antonio son revolver au poing, immobile, puis hurlant « *amore mio, amore mio… !* » et des mots incompréhensibles, en sicilien.

Je n'ai pas bougé. J'ai peut-être reculé d'un pas ou deux. Je ne sais plus. Le sang coule, Maria laisse aller sa tête, sa main lâche l'accoudoir de son siège, elle râle… Le président s'est raidi, sur son fauteuil. Il tient toujours le paquet de fiches de paie remis par Antonio. Un visage figé, tout blanc. Puis, je le vois presque plié en deux, sur son bureau, pour atteindre un bouton. Il a dû sonner, appeler. Quelques secondes plus tard, la porte s'ouvre, l'huissier et le garde entrent, j'entends le président téléphoner : « Oui, venez vite, on a tiré sur une femme… »

Énorme brouhaha soudain, dans le cabinet, dans le couloir, dans ma tête. On crie, on s'agite, on va et vient… Je me demande si je ne me suis pas évanouie debout, les yeux grands ouverts. Je n'ai plus que le souvenir de deux confrères qui me traînent dehors, en me tenant solidement. J'entends l'un d'eux dire : « À la bibliothèque, vite, elle se trouve mal. » Puis de nouveau, le noir, le trou. Quelque chose me brûle la gorge, quelque chose qu'on me fait boire. « Et Maria ? »

Pas de réponse. Puis un vague « à l'hôpital : on va se renseigner... ».

Dans le cercle qui m'entoure, je reconnais le bâtonnier. « Il va falloir vous reposer... » et, comme pour me conforter, « le meurtrier a été arrêté ». Antonio avait attendu sans bouger les policiers qui lui ont mis les menottes, il marmonnait sans arrêt « je l'avais dit, ça, je l'avais dit... », et il s'était laissé emmener comme drogué, un demi-sourire flottant aux lèvres, répétant « *Madonna, Madonna mia...* ».

J'appris quelques heures plus tard que Maria était morte à son arrivée aux urgences.

*

Antonio comparut devant le Tribunal criminel de Tunis, faisant fonction, dans la Tunisie du protectorat, de Cour d'assises.

Étaient cités comme témoins par l'accusation les acteurs de la conciliation tragique : le président, le greffier et d'autres encore.

J'avais également reçu ma convocation. Je me souviens d'avoir été un piètre témoin. Ce que j'avais retenu de la scène elle-même se mélangeait à ce qui avait précédé, ou suivi. Je répondais souvent que je n'étais pas sûre...

Avait-il tiré de la main droite ? Avait-il vraiment embrassé Maria avant de sortir son revolver ? Ou avait-il déjà le revolver au poing quand il s'était approché de sa femme ? Comment se souvenir avec précision ? Le sang, le brouillard, les gardes à la rescousse, comment ordonner tout cela et raisonnement garder ?

L'évocation du meurtre me traversait de nouveau comme une épée dans le corps. Je repris mes esprits et ne devins plus précise que quand fut évoquée la période de menaces qui avait précédé l'audience de conciliation. « Et vous n'y avez pas cru ? » demanda le président, un rien réprobateur.

Non. Ils disent tous ça, ces matamores. Et je n'avais pas imaginé que certains parcourent le chemin de la destruction jusqu'au bout. Jusqu'au coup de feu qui tue.

Le président n'insista pas. Je pouvais me retirer.

À la culpabilité qui me rongeait s'ajouta une énorme humiliation.

*

Le crime fut étiqueté crime passionnel. Antonio avait tué par excès d'amour, de volonté possessive, plaida l'avocat commis d'office. Il fallait le rendre à son travail (excellentes attestations), à ses jeunes enfants (orphelins de leur mère), à la vie qui continue, en somme…

Maria, passée en pertes et profits.

Verdict : cinq ans d'emprisonnement dont trois avec sursis. Je crois qu'il fut libéré dans les mois qui suivirent.

La presse manifesta une sorte de sympathie pour Antonio : meurtrier par amour fou, attachement viscéral à ses enfants. En fait, cette Maria, avait-elle fait preuve de la compréhension nécessaire envers un seigneur et maître qui faisait valoir ses justes droits ? Un mari jaloux, c'est un mari amoureux. Et la jalousie n'est-elle pas dans la nature humaine, dans le roman de la vie ?

*

De cette tragédie sans précédent — je crois — dans les annales judiciaires, je me sentais seule responsable. Sans excuses, sans faux-fuyants, je ressassais que j'avais, à tort, nié un réel danger... Toujours ce volontarisme exacerbé. L'inexpérience aussi, disait Édouard pour me consoler. Le matamore n'avait pas été celui que l'on croyait. Un homme au bord de la folie avait menacé de supprimer sa femme. Il l'avait fait. Une jeune avocate avait négligé de le prendre au sérieux, l'assimilant aux autres hommes évincés qui se contentent de gesticuler. J'avais commis une faute de la plus extrême gravité, je me disais même un crime. Un crime d'avocate.

J'avais jugé suffisantes ma présence, ma compassion, ma volonté de défendre la liberté et la dignité d'une femme. Suffisantes pour faire échec à une mort programmée. J'avais présumé de moi-même et sous-estimé la vérité d'un forcené.

J'avais agi en avocate irrespectueuse de la force des émotions, du mystère de la relation des couples, de la complexité de leurs désirs.

Avec une psychologie un peu primaire, j'avais opté pour la normalité. Il veut faire peur. Il veut être pris au mot. Classique, mais il n'osera pas passer à l'acte. Le paroxysme des sentiments, des désespoirs, je l'avais dédaigné, ignoré. Ou plutôt j'avais décidé, dans le rejet de ces motivations de roman-feuilleton, qu'il resterait dans le champ clos du fantasme.

L'irrespect de ce qui peut détruire et tuer avait été sanctionné. Tragiquement.

*

Je m'installai dans la crise. Je doutais de tout. De mon aptitude à défendre, de la loi, des mesures de sécurité. Si l'on avait fouillé Antonio... Mais on ne fouille pas les candidats au divorce, on ne les assimile pas à des terroristes.

Une quinzaine de jours plus tard, endolorie, pleine de courbatures dans la tête et au cœur, je revins à mon cabinet.

Je n'étais plus intacte. Avec Maria était mort en moi l'élan de mon adolescence.

Il me fallait le reconstruire.

L'irrespectueuse commençait un dur apprentissage.

Table

III

L'IRRESPECTUEUSE SANCTIONNÉE

MARIA, LA BLESSURE

Collection « L'Abeille » Plon

Dernières parutions

1. *Les Derniers Mondains*, Camille Pascal
2. *Dictionnaire amoureux de Marcel Proust*, Jean-Paul et Raphaël Enthoven
3. *Contre Macron*, Juan Branco
4. *Les Métamorphoses de Dieu*, Frédéric Lenoir
5. *La Sorcière et l'Occident*, Guy Bechtel
6. *Mémoires*, Maurice Druon
7. *Dictionnaire amoureux de la langue française*, Jean-Loup Chiflet
8. *Joseph Kessel*, Yves Courrière
9. *Dictionnaire amoureux de la Bretagne*, Yann Queffélec
10. *Dictionnaire amoureux de l'Inde*, Jean-Claude Carrière
11. *La Sexualité selon Jean-Paul II*, Yves Semen
12. *Des animaux au prétoire*, Chantal Knecht
13. *Duras, la traversée d'un siècle*, Alain Vircondelet
14. *Dépasser Darwin*, Didier Raoult
15. *Dictionnaire amoureux de la Résistance*, Gilles Perrault
13. *La Spiritualité conjugale selon Jean-Paul II*, Yves Semen
17. *Conseils du cœur*, Sa Sainteté le Dalaï-Lama
18. *Dictionnaire amoureux de l'Histoire de France*, Max Gallo
19. *Avocate irrespectueuse*, Gisèle Halimi
20. *Ne vous résignez jamais*, Gisèle Halimi

À paraître

Ces psychopathes qui nous gouvernent, Jean Luc Hees
Charles le Catholique, Gérard Bardy
Les Rebelles, Jean-François Kahn
Un si long silence, Sarah Abitbol
Dictionnaire amoureux de Mozart, Eve Ruggieri

La photocomposition de cet ouvrage
a été réalisée par
GRAPHIC HAINAUT
30, rue Pierre Mathieu
59410 Anzin

MIXTE
Papier issu de sources responsables
FSC
www.fsc.org
FSC® C003309

L'éditeur de cet ouvrage s'engage pour la préservation de l'environnement et utilise du papier issu de forêts gérées de manière responsable.

Imprimé en France par CPI
en décembre 2021
N° d'impression : 2062123